_____ 님께

김미숙 드림

*Shine, Again*

# 다시, 찬란해 봄

# 다시, 찬란해 봄

**초판 1쇄 발행** 2025년 10월 19일

**지은이** 김미숙
**펴낸이** 장길수
**펴낸곳** 지식과감성#
**출판등록** 제2012-000081호

**주소** 서울시 금천구 벚꽃로298 대륭포스트타워6차 1212호
**전화** 070-4651-3730~4
**팩스** 070-4325-7006
**이메일** ksbookup@naver.com
**홈페이지** www.knsbookup.com

ISBN 979-11-392-2837-3(03810)
값 16,000원

이 수필집은 2025년 부산광역시, 부산문화재단 「부산 문화예술지원사업」으로 지원을 받았습니다.

지식과감성#
홈페이지 바로가기

손톱, 헛구두, 꽃미남 다방, 쪼개이, 참 바보, 회억, 당신의 오늘 하루

*Shine, Again*

# 다시, 찬란해 봄

김미숙 지음

지식과감성#

# 동지에서 입춘으로

그립다는 말은
멀리 떠난 이를
다시 부를 수 없을 때 신음
힘들다는 말은
희망이 보이지 않을 때
조용히 새어 나오는 마음의 한숨
외롭다는 말은
함께 걷는 줄 알았는데
눈 떠보니
곁에 아무도 없을 때 깃드는 침묵

그런 말을 입밖에 뿜어내지 않았다
곁에 있는 사람이라 믿었었기에
부르면
꿈속에서라도
달려와 줄 사람이라 여겼었기에

다만
부르지 않았을 뿐
어쩌면
현실을 마주할 용기가
나에겐 없었는지도 모른다


7월 17일
결혼기념일
요트를 탔다
7월 24일 아침
마지막 입맞춤을 남기고
그는 떠났다
전날 밤
나를 안고 간절히 품었다
왠지 말하고 싶었다
"꼭, 살아 돌아오세요"
하지만 그는
돌아오지 않았다
그날
내게는 동지였다
어둠이 가장 깊고
그림자가 산줄기보다 긴 날

나는 그날부터
앞만 보고 걸었다
걷다 보니 알게 되었다
동지는 끝이 아니었다
입춘을 향한
시작이었다

어둠이 깊을수록
빛은 멀리서도 다가왔다
잃어버린 빛을 뒤로하고
나는 다시
세상을 바라보기 시작했다
빛은
예전처럼 찬란하진 않았다
그러나 더 조용히
더 따뜻하게
스며들었다

'다시'라는 말은
새로 시작함이고
일어서려는 마음이며
잊지 않고 피어나는

봄의 다른 이름이다
빛이 길어지고 봄이 다가온다
동지를 지나 입춘을 맞은
봄은 모두에게 새로워 봄이다

이제 나는 '다시, ★찬란해★ 봄'이다

'Shine, Again'

# 목차

## 1부 참 바보

## 2부 갈대의 순정

## 3부 다시, 찬란해 봄

## 4부 꽃미남 다방

## 5부 회억

## 6부 두 개의 눈금자가 필요해

## 부록

갈수록 바보로 살아가기 힘든 세상이다. 김수환 추기경조차 머리에서 가슴까지 내려오는 데 칠십 평생이 걸렸다던 바보 정신. 어쩌면 어머니의 '바가야로' 정신은 격이 다른 이웃의 어머니들과 함께 살고 가족같이 살아가기를 지향하지 않았을까.

– '참 바보' 중에서

# 1부 참 바보

# 선물 ✿

아이들 학교가 휴교했다. 주말 미국 인디애나 주 웨스트 라피엣west lafayette에 내렸던 눈은 저녁부터 다시 쌓이기 시작했다. 수북하게 쌓인 눈은 아이들이 눈 장난을 치기에 아주 적당하게 좋았다.

썰매를 태워주려고 퍼듀대학 내에 있는 캠펜 힐 골프장으로 갈까 생각하고 있었다. 아들 친구들이 모여들어 패밀리 하우징 넓은 중정 정원에서 눈싸움을 즐기는 모습을 보았다. 추운 데서 노는 아이들을 위해 따뜻한 간식을 만들어 주려다가 눈을 보고 있노라니 갑자기 이글루 생각이 떠올랐다. 따뜻한 간식을 먹이고 난 뒤 긴 네모 박스를 가져다가 벽돌처럼 만들어 쌓기 시작했다. 대형 이글루를 만들어 볼 마음으로 하나둘 쌓기 시작했다. 처음에는 혼자 시작한 일이었지만 아들 친구들이 한 명씩 모여들었다. 이윽고 퍼듀대학 패밀리 하우징에 사는 각국의 꼬마들까지 모여들더니 아장아장 걸음을 걷는 세 살배기까지도 작은 손으로 손바닥만 한 눈덩이를 가져와 쌓으라고 도와주었다. 어린아이부터 중학생까지, 각국에서 온 아이들이 한데 모여 눈의 요새를 쌓는 모습은 참으로 평화로워 보였다. 적게라도 도우려는 그 모습이 기특하고 어여뻐서 받아서 쌓다 보니 모양은 이글루 형태에서 조금 벗어났지만, 성처럼 하나의 큰 요새 모양을 갖추기 시작했다.

마침내 온 동네 아이들이 소문을 듣고 모두 몰려와서 우리가 하는 일에 관심을 가지기 시작했고 함께 얼음집을 만들어 나갔다. 나도 모르게 동네 골목대장처럼 진두지휘하는 모양새가 되어버렸다. 중학생부터 유치원생까지 각국의 아이들이 모여 있는 이 작업은 설령 성공하지 못하더라도 나와 아들에게는 큰 추억거리를 만들어 줄 것 같았다. 외국 아이들에게 우리나라의 역사적인 과학 문명을 알려주고 싶은 애국심이 발동하였다. 경주 석굴암을 떠올리면서 동네 꼬마들에게 흥미를 유도하였다. 동네 꼬마들은 자신들이 지금 하는 일이 과연 어떤 모습을 갖추게 될 건지 궁금한 나머지 "나중에 어디만큼 올라갈 거예요. 지붕은 어떻게 만들 거예요."라며 눈을 동그랗게 뜨고 호기심 어린 귀여운 표정으로 물었다.

우리 동네 꼬마들을 단합시키는 좋은 동기부여로서 충분히 뜻이 있다는 생각이 들었다. 재미가 나서 석굴암의 원리를 들어가면서 재미있게 쌓다 보니 시간이 제법 흘렀다. 저녁 무렵이 되어 어둑어둑해지기도 하였고 오늘은 신나는 아이들의 귀를 솔깃하게 만들어 줬다는 점에서 만족하기로 했다. 원리를 소개하고 아이들의 상상력과 창의력을 발동시키는 정도에서 중단하였다. 밤새 얼면 더욱 단단하게 굳어질 테니 내일 다시 계속하자며 서운해하는 아이들을 달래서 집으로 돌려보냈다. 모두 집에 돌아가서 엄마한테 자랑을 늘어놓았는지 아이들 엄마한테서 전화가 오고 감탄사가 늘어졌다. 아이들에게 좋은 추억거리를 만들어 주고 싶어서, 라고 하다가 문득 어렸을 때 추억 하나가 머리를 스치고 지나갔다.

어머니는 이른 새벽에 나를 흔들어 깨웠다. 초등학교 이 학년 때였다. 태어나서 처음으로 눈이란 것을 보았다. 생애 첫눈이었다. 겨우 눈을 비비고 일어나서 나가보니 장독 뚜껑 위를 덮을까 말까 할 정도로 하얀 가루가 얇게 덮여 있었다. 그것이 눈이라고 가르쳐 주었다. 너무 신기해서 어쩔 줄을 몰랐었다. 어머니는 새하얀 첫눈을 사랑스러운 막내딸에게 선물하듯 보여주고 싶었다. 따뜻한 부산 날씨에 녹아 버릴까 봐 조바심도 났나 보다.

남들이 가져가기 전에 내게 모두 쓸어다 주고 싶어 했던 것 같았다. 아마 마음 같아선 어머니 가슴속의 사랑만큼 세상의 모든 눈을 모두 끌어다 주고 싶었을 것이다. 그때까지 전혀 들어보지도 못했던 눈사람이라는 것을 만들어 주겠다고 하면서 내리막길까지 눈덩이를 굴렸다. 눈을 조그맣게 뭉쳐서 돌려가면서 굴리면 눈덩이가 커진다는 것도 처음 알았다. 겨우 1mm도 쌓이지 않은 눈으로 눈사람을 만들려고 했으니 아마도 우리 동네뿐만 아니라 옆 동네, 그 옆 옆 동네까지 죄다 쓸어 왔어야 했을 것이다.

긁어모은 하얀 눈으로 동그랗게 눈사람을 만들이 보여주었다 숯으로 눈썹도 붙였고 나뭇가지를 꽂아서 팔도 만들어 붙였다. 태어나서 처음으로 겪은 신기하고도 재미있던 경험이었다. 어머니는 항상 아프다던 약한 허리를 굽혀 어린아이처럼 열심히 눈을 굴려 만들었다. 그때 어머니가 만들어 주었던 눈사람도 훌륭했지만, 허리 아프게 만들어 주던 어머니의 열성적인 모습과 소중한 마음을 잊지 못하고 있다. 내게 준 그 어떤 선물보다도 어머니의 눈사람은 지금도 내 마음속에서 오랫동안 녹지 않고 남겨져 있다. 겨울만 되면 추억 속 어릴 적 우리 집 마당 그 자리에는 어리석게 생긴 숯검정 눈썹을 붙인 눈사람이 가만히 집을 지켜주고 있는 듯 아련하다.

  지금 이 힘든 이글루 작업이 네 명의 아들딸에게 얼마나 큰 추억이 될지 가늠할 순 없다. 어쩌면 완성되기도 전에 눈이 다 녹아내릴 수도 있고 또 전혀 예상치 못한 변수가 생겨서 실패로 돌아갈 수도 있을 것이다. 인생이 어디 뜻대로 되는 일이 잘 있던가. 열심히 아이들과 함께하다 보면 어머니가 내게 해주었던 것처럼 이 엄마가 자신들과 함께 추억 쌓기를 위해 항상 노력하고 있었다고 기억해 줄 것이다. 콘셉트가 있는 가족경영을 하려고 애쓰던 엄마의 마음만이라도 전해졌으면 하고 바랄 뿐이다.

# 설레임 🌸

설레임이 사라졌다. 언제부턴가 설레임이란 느낌의 기억을 잃어버렸다. 입만 닿아도 스르르 녹아 버릴 듯 솜사탕 같은 그런, 조심스럽고 마음을 통제하기 힘든 기분 말이다. 소풍 전날, 명절 전날, 잠 못 이루며 이불 속에서 잠을 설치던 어린 시절의 기분 같은 것.

추석이 다가온다. 아이들이 오면 내놓을 떡을 하러 가다 옛 기억이 떠올랐다. "와이고, 너 떡보네." 순간 손에 쥐고 있던 떡을 놔 버렸다. 겨우 세 개째 집어 먹고 있었을 뿐인데. 외숙모는 외사촌들에게 주려고 시장 보고 오는 길에 흰 고물이 묻은 뽀얀 인절미를 사 왔다. 벌려 놓은 떡판을 보고 쭈뼛하다가 겸연쩍게 한 개 먹어 보니 기막히게 환장할 맛이었다. 정신 못 차리고 세 개째 먹는 내 모습이 꼭 그 떡판을 통째로 삼켜 버릴 것 같았는지 외숙모는 한마디 했다. 그 순간 '아차' 싶었다. 그것은 나를 위한 향연이 아니었다는 사실을 네 살짜리 인생이 알아 버렸다.

다섯 살 때의 기억이다. 아침에 눈을 비비고 일어나 보니 책상 위에 오색찬란한 것이 소복이 쌓여 있었다. 너무 예쁘고 찬란했다. 보드라운 솜털 같기도 하고 처음 보는 신기한 구슬 같았다. 마냥 정신없이 바라보고만 있었다. 먹는 것인 줄도 몰랐다. 그때 "절대 먹으면 안 된다." 하고 어머니가 등 뒤에서 엄하게 말했다. 아마도 먹으면 안 되는 구슬이라서 먹을까 봐 알려주시나 보다 하고 생각했다. 어머니를 돌아다보니 '지영이가 기차 타고 오는 동안 먹이라고 외할머니께서 보낸 거'라고 했다. 나를 걱정한 게 아니라 외사촌 동생 지영이를 위해 보낸 것을 내가 손댈까 걱정이 돼서 그랬다. 너무 곧게 정직하고 융통성 없는 어머니였다. 그것 몇 개 먹는다고 뭐 그리 표가 났을까. 순간 어린 마음에 상처가 되고 낙심했다. 저렇게 예쁘고 맛나게 생긴 오색경단을 내게 못 먹여본다는 것이 오히려 어머니에겐 마음이 아프지 않았을까, 그때 그것이 더 궁금했다.

지영이는 나보다 한 살 적은 큰외삼촌댁 칠 공주 중의 다섯째 딸이다. 그러니까 외가댁 친손주였다. 나와는 겨우 몇 달 차이밖에 안 나는 동생. 말이 동생이지 친구나 마찬가지였다. 차가운 외할머니는 다정한 눈길도 내게는 보내지 않았다. 그럴 수밖에 없었던 것은 넘쳐나는 딸들 중에 외손주였으니. 많고 넘쳐나는 양과자와 사탕, 박카스 등등을 단 한 번도 내게 권하지도 않았다. 심지어 몇 달 차이 나지 않은 지영이에게는 저렇게 오색경단에다 조그맣게 만든 콩고물 주먹밥까지 챙겨 주다니. 너무 괘씸하고 서운한 마음이 일었지만 내색하지 않았다. 자라면서 학교에서 학업이나 글짓기, 그림, 음악 등등에서 상을 받을 때마다 외사촌들을 떠올렸던 이유가 그것 때문 아니었을까.

외할아버지는 천석꾼 집안의 교육감이었으니 모두 가진 셈이었다. 외가댁에는 귀한 과자와 선물이 가득 쌓여 있었다. 60년대에 악어 핸드백에 하이힐을 신고 다니던 외할머니는 한 번도 내게 과자를 권하지 않았던 차가운 분이었다. 이러한 외조부모님 사랑의 부재를 눈치챘던지 특별히 사랑받을 짓과 재롱을 많이 부렸다고 한다. 매번 외할아버지의 식사가 마쳐갈 즈음이면 벽에 붙은 버저를 눌러서 부엌에 있는 식모에게 숭늉을 호출했다. 미리 알아챈 나는 밥을 먹다 말고 버저를 누르기 전에 미리 부엌으로 뛰어갔다. 식모에게 할아버지 숭늉을 빨리 떠서 드리라고 재촉했다. 안방까지 세 개의 문을 거쳐 밥상을 들고 가야 하는 식모를 도와 앞서가서 재빨리 방문을 열어 주기도 했다. 외할아버지는 눈치가 재빨라 사랑받기 위해 행동하는 모습을 보면서 "고것 참, 그 참"이라고 하며 감탄했다. 어쩔 수 없이 닫아둔 마음의 빗장을 열고 기특하게 여겼다.

친손녀들은 노력 없이도 공주 대접을 받았다. 대학생이 될 무렵 우리 집에 들렀던 외할아버지는 숙녀용 첫 핸드백을 사주었다. "그때는 그래야만 하는 줄 알았다."라고 사과의 말씀을 꺼냈었다. 정년 퇴임을 하고 종이호랑이가 된 외할아버지였다. 당연함으로 여기는 친손녀들과 달리 가끔 안부 편지를 보내는 외손녀가 비교되었던가 보다.

어린 시절, 명절 전 방앗간에는 떡 맞추러 온 사람들로 복잡했다. 끝도 없는 줄을 서서 차례를 기다리던 일은 언니와 내 몫이었다. 긴 줄을 서다 보면 꼭 새치기하는 사람이 있었다. 어렸지만 언니는 어린 나를 믿었던지 용감히 맞섰다. 힘이 되어 맞서기도 했다. 방앗간에는 압력을 올리고 김 빼는 소리가 '칙칙 치이익' 요란하게 나고 떡판을 던져 '탁탁 타탁' 떡을 빼내는 소리가 크게 났다. 활활 불을 붙여 화력을 키우는 소리와 사람들 소음, 물을 '콸콸' 틀어 씻어내는 소리. 온갖 소음들이 내게는 위험한 일이 가까이에 있다는 위협같이 무섭게 들렸다. 시장 어귀쯤에서 줄을 서 기다릴 때까진 그나마 괜찮았다. 순서가 되어 방앗간 문틀을 넘어서는 순간부터는 불안함이 가속되었다. 혹시라도 '펑' 하고 폭발할 것 같은 불신이 생겨 여차하는 순간에 대피할 마음의 준비를 하고 있기도 했다. 그래도 떡을 받아 돌아온 그날은 밤새도록 기분 좋게 설레었다.

어린 시절을 보상받기라도 하듯 아이들을 위해 오색경단과 약밥, 송편을 맘껏 맞추며 추석 준비를 한다. 아이들이 돌아갈 때 가득 담아 보낼 수 있도록 넉넉하게 준비한다. 꽃 재배단지에 가서 활짝 핀 노란 국화 화분과 빨간 보색 꽃 화분도 가득 사 온다. 풍년을 상징하듯 정원에 화사하게 펼쳐 놓았다. 아이들을 환영하는 엄마 마음을 표현하는 작업이다.

아이들이 돌아온다. 잊었던 두근거림을 느꼈다. 떡을 하면서도, 정원에서 꽃들을 손질하는 동안에도 가슴에서 살랑대는 바람을 느낀다. 오랜 세월 동안 나의 손길이 필요했던 아이들이다. 이제는 내게 든든한 힘과 배경이 되어주고 재미가 되어주는 자랑스러운 내 편이 되어 돌아오고 있다. 떡을 하러 가는 길, 가슴속에서 마구 일렁대는 감정이 살랑인다. 동네 어귀부터 현관문까지 마음을 흔들고 있다. 떠나갔던 설레임이 문을 두드린다. 오랜만에 마주해 보는 반가운 설레임이다.

# 쪼깨이 ✿ 장수 유전자를 타고난 것이다. 병원 침대

신세를 져야 했던 일은 아이 네 명을 낳을 때 이외에는 단 한 번도 없다. 그러니 몸 어느 한 곳을 수술해야 한다는 것이 엄청난 스트레스로 다가왔다. 시력 교정을 위해 다초점 렌즈 삽입 수술을 하기로 했다.

사람들은 나에게 많은 것을 받고 태어났다고들 말했다. 일찍부터 시력이 나빠 안경을 써야 한다는 치명적인 약점을 가진 줄은 그 누구도 몰랐을 것이다. 중학교 무렵 '여자가 안경을 끼면 시집 못 간다'라며 아버지는 그 시대에 잘 알려지지도 않은 비싼 콘택트렌즈를 맞춰주었다. 덕분에 시력 불량이라는 불편함은 평생 잊고 잘 숨기면서 살아왔다.

세월이 드니 그마저도 불편해지기 시작했다. 주위에서 시력 교정 수술을 많이 한다고 하니 안과를 찾아 검사받고 상담해 보았다. 가는 곳마다 고도근시여서 시신경이 약해 다초점 렌즈 삽입은 자칫 실명할 위험이 있다는 반응뿐이었다. 그렇게 맘 졸이며 침울해진 날은 내 인생에서 몇 번 없었을 것 같았다. 다행히 의사들의 예견과 달리 시신경은 건강하여 수술 결과는 좋았고 시력도 잘 나왔다. 혼자 고민하며 힘들게 겪어낸 대견한 나 자신을 크게 보상해 주고 싶었다. 무엇을 갖고 싶으냐고 자신에게 물어보니 보석 장신구를 갖고 싶다고 맘속의 아이가 내게 속삭였다.

큰 충격이 있던 날 이후로 의식주 이외의 것은 싹 쓸어 정리했다. 모든 것이 부질없다고 생각되었다. 금방을 찾으면서 뜻밖에도 금고에 두고 까맣게 잊고 있던 금괴를 최고가로 팔아 치우고 대신 팔찌 하나를 샀다. 남편이 생전에 해외 나갔다 올 때마다 선물해 준 보석 세트 여러 벌을 이젠 모두 정리한다면서 자식들에게 하나씩 나눠주던 참이었다. 보석함까지 비우던 판국에 별안간 갖고 있던 팔찌가 구식이라 싫증 난다며 세련된 새것으로 바꾸려고 핑계를 대는 이 물욕은 대체 뭔가 싶다.

가을이 익어가면 떨어지는 자연을 보며 사람들은 '무소유'를 떠올린다. 수도자로서 삶은 무소유라고 강조하며 '내 것이 없음'이 편하다고 했던 프란치스코 수도원 원장 P 수녀. 그녀는 세상 사람들이 가진 모든 것들을 자신의 것처럼 요청해 이용하고 다녔다. 그녀를 보면서 진정한 무소유란 없음에 대한 불편함을 감수해야 함을 깨닫게 되었다.

무소유를 갈구하며 아내와 자식을 버리고 출가한 노승 B. 가난한 동네 단칸방에 암자를 차려놓고 불심을 전파한다더니 얼굴 반반하고 재산 많은 여자에게 눈 돌려 세속의 냄새를 맡으며 살고 있다. 그는 인간은 나이를 먹으면서 따라 나오는 노욕이란 벽 앞에서 무너진다는 것임을 알게 해주었다.

어느 노 여류작가 J는 가을이 온다면서 무소유 실천에 관한 노련한 솜씨로 멋지게 글을 짓는다. 그녀도 노욕을 없애기로 한다며 글 기술자처럼 화려한 문장을 구사해 놓았다. 들려오는 바에 따르면 후배 문우와 주변인들을 맘껏 후려치고 다스려 주변인들이 너무 힘들다는 한탄이 들려왔다.

문학가들이라면 자주 써먹는 가을의 감초 손님 '무소유'란 무엇일까. 어디까지 가지는 것이 무소유일까. 내가 알고 있는 '무소유'란 살아가는 동안 모든 욕심을 내려놓는 것이라고 알고 있었다. 하지만 무소유란 현실에선 없는 것이 아닐는지 하는 생각이 요즘 솟아난다. 생명이 붙어있는 한 끝없이 솟구치는 오욕을 가진 인간이 그럴 수 있을까.


종교 활동을 하다 보면 자주 주검을 접한다. 어머니는 굳건한 신앙 생활이 몸에 배어있던 분이다. 평소 자신이 숨을 거두게 된다면 울지 말고 성가를 불러 달라고 했을 정도였다. 돌아가실 무렵, 죽음이 엄습해 오는 불안한 느낌이 들 때마다 종부성사를 이유로 신부님을 밤마다 불러들이는 소란을 피웠다. 아무리 견고한 신앙심이라고 해도 죽음 앞에선 두려움에 떨어야 했다. 그 횟수가 열 번 가까이 되어가자 나중에는 신부님이 떠나고 안정이 되었을 때 "이러다가 내일 아침에 안 죽고 살아있으면 어쩔꼬."라며 걱정까지 하던 에피소드가 있다. 그랬어도 주검의 표정은 조용하고 담담하였다.

한 지인은 심근경색으로 갑자기 준비 없는 죽음을 맞았다. 얼마나 바둥거렸는지 온몸에 멍이 들어있더라고 했다. 굵직하고 악착같은 사람이어서 죽음과 거리가 먼 힘찬 사람인 줄 알았다. 마지막을 맞은 얼굴의 힘없는 표정은 모든 것을 체념하고 포기한 무덤덤한 얼굴이었다.

한 친척은 누군가가 사전에 데리러 왔던 것처럼 '따라가지 않겠다'라며 발버둥 치다가 숨이 멎어가는 순간에도 저항하며 숨을 거뒀다. 머리 위로 혼이 빠져나가는 것인지 눈이 반쯤 위로 치켜들려 눈을 감지 못했다고는 하지만 입과 얼굴은 감정 없는 그저 무욕의 표정이었다.

친하게 지내던 언니는 오랜 기간 힘겨운 임플란트 치료 중에 암이 재발하여 고생만 하다가 죽음을 맞이했다. 제대로 씹지 못해 체력이 달리니 말문이 막힌 채 눈을 감고 지인들의 기도 소리를 듣고 그들이 돌아가고 난 뒤 조용히 생을 마무리했다. 본인에게는 저항하기조차 힘든 무기력의 상황을 사람들은 '편안한 얼굴로 죽음을 맞이했다'라고 말을 했다. 과연 당사자에겐 편안했을까.

죽은 사람의 마지막 표정. 자발적이든 강요된 것이든 모든 것을 다 내려놓아야 한다는 걸 깨친 표정이 무소유 아닐까. 표정은 마음의 표상이다. 무욕의 무덤덤한 표정이 산 사람에게서 감히 나올 수 있겠는가. 확실하지 않은 미래를 위해 준비를 하려는 것은 본능이다. 본능을 부정하는 일은 무리가 있다. 최소한 '적게 가지기'를 실천하기가 더 쉬울지 모른다. 경상도 말로 '쪼깨이'는 작은 욕심을 가지자는 '최소의 소유'를 재치 있는 말로 표현한 것이다.

매년 가을이면 낙엽을 떨구는 나무를 보면서 가능하지도 않은 '무소유'를 외치기만 할 것은 아니다. 대신 '적게, 쪼깨이, 새끼손가락만큼만' 가지도록 연습해 보자. 다초점 렌즈 덕에 잘 보게 된 시력이더라도 조금씩 눈감아 주고 머릿속으로는 적게 계산하다 보면 작은 마음에서조차도 귀한 울림을 받게 될 것이다. 쪼깨이만 가지고도 담담할 수 있는 마음 실천이 더 수월하지 않을까. 욕심을 한 가지씩 버리면서 살아보자. 살 수 있을 정도만큼만 갖도록 하는 것부터 시작해 보기로 하자.

'쪼깨이, 쪼깨이씩.'

# 참 바보 ❋ 인생의 두 번째 중독이었다. 민아네 만화

방에는 아침밥을 먹자마자 만화 표로 출석 도장을 찍어 대는 골수 단골이 있었다. 십 원에 만화 표 네 장을 받아서 매일 만화를 보러 가야만 하는 끊기 힘든 중독이었다.

경남 거제에서 부산으로 이사 온 뜨내기 민아 아버지는 고물을 주워 팔아넘겼다. 신작로에서 돌아 들어오면 첫 집 슬레이트 지붕 단칸방에서 네 식구가 월세살이했다. 어머니는 숫기 없이 부끄럼 많고 굵은 쌍꺼풀의 몽땅한 민아 엄마를 성당에 입교시킨 대모로서 늘 살뜰히 돌봐 주었다. 어머니에게 자금을 빌려 차린 만화방이 개업하던 날, 첫 개시 '1번 손님'으로 나를 들이밀어 넣었다. 매일 만화 표 살 돈을 주면서 한글도 깨칠 겸 만화책을 보라고 시켰다. 그날 이후 빠져나오기 힘든 만화 중독에 갇혀 헤어 나올 수 없었다. 만화방의 번성을 위해 막내딸을 기꺼이 제물로 바친 셈이란 것을 어렴풋이 가늠하면서도 묘한 기분으로 열심히 드나들었다.

나는 첫사랑이 없다. 짝사랑이나 하다못해 옆집 철수라도 있을 법한데 아무리 기억을 더듬어 봐도 그런 아이가 떠오르지 않는다. 우연히 만화방 기억과 함께 떠오르는 그 이름. 찰스 황태자가 내 첫사랑이다. 아, 가슴이 저미도록 떨리던 그 이름 찰스. '황태자의 첫사랑'이라는 만화책 속 주인공, 노란 금발 긴 웨이브 머릿결과 늘씬한 몸매에 휘장 장식을 어깨에 두른 제복의 사나이, 찰스. 다음 편이 나올 때까지 일주일을 기다리는 동안 꿈을 꾸며 공상 속에서 스토리를 맘껏 만들어 나갔다. 공상할 때마다 찰스 황태자는 어찌 그리도 내게 달콤하게 속삭이고 내 마음을 사로잡는 것인지. 그때 다른 남자아이가 떠오르지 않는 것은 내 사랑 찰스 황태자가 있었기 때문일 것이다.

민아네는 다락방을 개조해 텔레비방을 차릴 계획으로 자금줄 어머니를 또 찾았다. '대모님' 하고 사정하면 어머니는 선뜻 자금을 대주었다. 때마침 그때 '여로'라는 연속극과 코미디프로 '웃으면 복이 와요' '박치기 김일 선수의 레슬링 시합' '홍수환의 세계권투챔피언 타이들 매치' 등 TV 볼거리가 줄을 이었다. 그때와 맞물려서 텔레비전이 있는 곳이면 사람들이 빈틈없이 붙어 앉아 성황을 이루었다.

어머니는 '텔레비전 방 제1번 손님'으로 또 나를 보냈다. 나는 세 번째 중독에 빠지게 되었다. 아버지는 막내가 남자애들과 같이 앉아 보는 모습이 싫었던지 집에 티브이를 당장 사들여 놓았다. 축구 시합 중계도, 레슬링도, 연속극 '여로'에서 영구가 혀짧은 소리로 바보 노릇을 할 때도, 나쁜 시어머니 박주아가 태현실을 괴롭힐 때도, 함께 웃고 울고 편들 때가 훨씬 재미있었다. 뭐든지 함께해야 재밌는 것임을 그때 깨달았다. 민아 엄마는 감사 표시를 말로써 조금씩 했고 정서를 나눴기 때문에 돈을 떼였다는 생각은 하질 않았다. 병 치료를 위해 시골로 이사하던 날에도 '대모님 돈은 무슨 수를 써서라도 꼭 갚겠다'라면서 떠나갔다.

낮에는 우리 집이 수다방이 되었다. 어머니가 내미는 달콤한 코코아 차로 동네 사람들 입을 적셔가며 수다 삼매경에 빠졌고 어머니는 성경 속 내용을 얘깃거리로 각색하여 들려주었다. 하소연과 아쉬운 소리를 잘 들어 줘 동네 사람을 모두 천주교인 동네로 탈바꿈을 시켜놔 버렸다. 순진하기 한량없는 어머니는 젊은 나이였음에도 돈의 위력을 알았던 것 같다.

동네에서 천안댁을 빼고는 어머니에게 돈을 빌리지 않은 사람은 단 한 사람도 없었다. 천안댁은 전문 일수꾼이었다. 이잣돈을 받으러 다니느라 가무잡잡하게 기미가 그을린 듯 보였으나 탱탱한 얼굴에 개기름이 번지르르하고 뚱뚱한 몸매였다. 해바라기 씨앗을 까먹느라 입은 종일 우물거렸다. 씨껍질을 아무 데나 퉤퉤 뱉어가며 시장 장사꾼들에게 일숫돈을 받고 수첩에 매일 조그마한 도장을 찍었다.

어머니는 전문 돈놀이꾼이 아니었다. 단지 아쉬운 소리에 마음이 약해서 빌려주었을 뿐이었다. 자신의 기억력을 믿는 까닭인지 수첩에 적지도 않았고 이자를 받으러 다니는 모습도 보질 못했다. 중요한 것은 단 한 명도 어머니 돈을 떼먹지 않은 사람이 없다는 사실이다. 받지도 못하는 돈을 온 동네 사람에게 빌려주는 것을 보고 아버지는 가끔 '바가야로'라고 했다.

어머니 주머니 사정이 그다지 넉넉한 것도 아니었다. 어머니의 경제 개념이 미덥지 못했던 아버지는 경제권을 통째 맡기지는 않았다.

그러니 시장 보러 갈 때마다 반찬값에서 뒤로 슬쩍 남긴 돈으로 종잣돈을 불려 오지 않았을까 싶다. 의심스러웠던 아버지는 상차림을 보면서 번번이 반찬 재료 가격을 따져 물었다. 한없이 어리석고 순진한 어머니지만 그때만큼은 여우처럼 교묘하게 잘 둘러댔다. 아버지는 매번 고개를 갸우뚱거리면서도 잘 속아 넘어가 주었다. 여자는 자신의 이가 틀니라도 평생 남편을 속이고 살 수 있다고 하지 않는가. 그 남긴 뒷돈을 종잣돈으로 불려서 집을 사고 온 동네 사람들에게 빌려줄 수 있었고 세 들어온 전라도 처녀, 총각들에게 이불을 사주었고 일어설 자금도 대 줬다. 그만큼 종잣돈은 어머니의 자부심이었고 우리에겐 미스터리였다.

이웃집 쌀이 떨어졌다는 아쉬운 소리를 듣고선 마음이 걸렸던지 한밤중에 쌀을 사 들고 급히 오던 길에 12시 통행금지 시간에 걸려 파출소 유치장에 갇히게 되었다. 이를 눈치챈 아버지는 이른 아침 어머니를 찾으러 파출소에 갔다. 쌀 봉지를 꼭 안고 겁에 잔뜩 질린 채 있는 어머니를 발견하고 "저런 바가야로 같은." 하면서 혀를 끌끌 찼다. 그 후에도 여전히 돈을 빌려주었고, 돈을 떼먹고 이사 간 사람을 찾아가지도 않는 습관은 사라지지 못했다.

93세에 돌아가신 어머니 화장대 서랍에는 만화로 한글을 갓 깨우친 내가 삐뚤삐뚤하게 적어놓은 '엄마 다르모시 공책'이라는 수첩이 간직되어 있었다. 빼곡한 동네 사람들 이름과 세례명이 적혀 있지만 빌려준 액수는 없었다. 동네 무당, 소달구지를 끌던 아저씨, 점방 구씨 할아버지, 주운 아들 정일과 홀어머니, 열이 아버지의 본처와 일본인 첩, 지독한 구두쇠 태구 할아버지, 부모를 일찍 여읜 가장 노릇을 한 소씨 처녀, 우물가 송상댁 그들을 모두 천주교 가족으로 만들어 놓았다. 그들은 모두 쇠고집쟁이에다 완고한 이기주의자들인데 어떻게 포섭하고 친해졌을까. 교육감과 장관 집안에서 귀한 맏딸로 태어났고 하인을 데리고 일본 도쿄로 시집가서 살다 온 어머니였다. 장돌뱅이와 뜨내기들이 거칠게 다투면서 살아가던 피난 이후 시절. 그들과 섞여 살아갈 방법은 '돈 계산에는 한 발짝 느려지는 방법'이 최선이라는 것을 깨달았는지도 모른다.

아버지는 그 어머니를 '바가야로'라고 하면서 한평생 어머니를 물가에 내놓은 어린아이처럼 자상하게 보살피며 살았다. 어머니는 지성인 아버지보다 훨씬 우월한 '바가야로' 방식을 채택해 돈을 빌려주며 접근했다. 돈의 위력을 이용하여 그들로부터 공손한 대우를 끌어내고 상호 존중의 방식을 실현하려는 의도가 심중에 깔려있었을 거라는 생각이 이제야 든다. 돌아가실 때까지 돈 떼먹고 이사가 버린 그들을 들먹인 적은 한 번도 없었다.

갈수록 바보로 살아가기 힘든 세상이다. 김수환 추기경조차 머리에서 가슴까지 내려오는 데 칠십 평생이 걸렸다던 바보 정신. 어쩌면 어머니의 '바가야로' 정신은 격이 다른 이웃의 어머니들과 함께 살고 가족같이 살아가기를 지향하지 않았을까. 만화방 1호 고객, 텔레비방 1호 고객이었던 나지만 어머니의 '바가야로' 정신을 제대로 물려받지 못했다. 앞에서는 밑지나 뒤로는 남는 어머니의 '바가야로' 정신인 '참 바보'가 아쉬울 뿐이다.

# 잘 놀다 가는 마음으로 🌸 자갈마당으

로 갔다. 반들반들한 차돌 중에 납작한 돌을 골라서 몸을 비스듬히 하고 끌어 올리듯 던진다. 바닷물의 찰랑거리는 물결 위를 '탁, 탁, 탁' 하고 돌멩이가 튕겨 나갔다. "아들이다." 신혼여행을 마치고 바닷가에서 그가 외쳤다. 그 튕기는 숫자에 따라 아들딸을 점치려 했던 모양이다.

옛 기억이 떠올라 일요일 오후 해운대 미포 폐철길 아래 있는 자갈마당으로 갔다. 옛일을 떠올리며 물수제비를 해보려는데 그때만큼 쉽지가 않다. 자갈마당에 가득한 몽돌들을 내려다보았다. 모두 반들반들 닳아 있다. 부드러우면서도 강한 물의 위력에 깎이고 동글동글 다듬어져 있다. 아마도 이 돌들의 처음도 사람처럼 전부 모가 나고 뾰족뾰족하니 날카로웠을 것이다. 그 돌을 쓰다듬으면서 인생은 어쩌면 모난 돌을 깎아가는 과정일 것으로 생각한다.

가을이 짙어져 가고 있는 시월은 죄와 죽음, 삶과 영혼에 대하여 생각해 보고 넘어가야 할 숙제를 받은 느낌이 든다. 천상병 시인은 인생을 '소풍'이라고 했다. 시인의 '소풍'이란 해석과는 달리 어릴 때 소풍은 정말 설레고 기다려졌던 날이었다. 밤에 설레어서 잠도 잘 오지 않았다. 소풍 전날 밤 내일이 빨리 오기를 기다리며 아무리 청해도 천장 벽지의 무늬만 쳐다보면서 잠을 설치기 일쑤였다.

초등학교 일 학년 때 첫 소풍을 가기 전날 퇴근한 아버지를 따라 시장에 가서 제일 먼저 분홍색 소풍 가방을 사고 과자 도매상에 들렀다. 휘황찬란한 과자가 잔뜩 놓여 있는데 마음껏 고르라고 했다. 너무 많아서 무엇을 골라야 할지 몰라 두리번거리고 있으니 아버지는 이것저것을 챙겨 주면서 목이 마를 것이라며 사이다도 챙겨 주었다. 아버지는 집에 돌아와 앉을 자리도 챙겨 넣어주고 새로 산 소풍 가방 안에 과자와 사이다를 차곡차곡 가지런히 넣어주면서 '잘 놀다 오라'고 당부하였다. 소풍을 가게 되면 잘 놀아야 한다면서 특히 '친구들과 잘 놀다 오라'고 하였다.

다음 날 들뜬 마음으로 올망졸망 줄지어 소풍을 떠났다. 맛있는 도시락을 먹고 보물찾기와 장기자랑도 했다. 보물찾기는 상을 타 본 적이 없어 늘 아쉬웠어도 장기자랑 시간만큼은 내 차지였다. 노래 부르는 시간 동안은 전교생들의 인기를 누리는 스타가 되었다. 갖고 갔던 과자나 사탕을 남겨서 가족을 위해 남겨 갖고 왔다. 언니 오빠들이 나를 위해서 남겨 오는 것을 보고 배운 것이었다.

초등학교 때 추억을 소환하다 보면 기억하기 싫은 것조차 함께 따라온다. 5학년 무렵, 상처한 담임선생님은 학교 앞 술집에서 장구를 두드리는 작부들과 흥청거리면서 아침부터 술에 찌들어 있었다. 교내 미화심사가 있을 예정이었고 옆 반 담임선생님이 와서 대청소하라고 시켰다. 나는 지도위원으로서 우리 반 아이들을 선생님처럼 지도하며 먼지떨이를 거꾸로 들고 유리창 구석구석 지적하면서 깨끗하게 청소를 시켰다. 과하다 싶은 책임감이었지만 의욕이 강해 어쩔 수 없었다. 우리 반은 1등을 했지만, 나는 혼자가 되어 갔다. 외로웠지만 괜찮은 척 버텨 나갔다. 결국, 담임의 부재로 반은 쪼개져 열 명씩 각반으로 더부살이하게 되었다. 새 반의 친구들은 나를 반겨주었다. 그 반의 상위권 아이들과 그룹이 되어 놀았으므로 옛 반 아이들은 사교성 많은 나를 부러워하며 내 곁에 붙어 다녔다.

6학년으로 진급하면서 옛 반으로 다시 모이게 되었다. 아이들은 여전히 기억하는 듯해 보였으나 모른 척했다. 힘든 과정을 말없이 이겨내려고 애를 썼다. 그때 내게 위로가 된 것은 성당 활동이었다. 성당에 가면 학교가 다른 친구들과 봉사활동 동아리 청소년 레지오를 하면서 세상 모르게 즐거웠다. 어린 나이에 봉사활동을 몸에 밸 만큼 습관처럼 하게 되었다. 홀로 사는 할머니 댁을 방문할 때는 노래와 춤을 기획하고 준비해 가서 재롱을 부렸고 연극을 준비하기도 했다.

인생의 가을을 생각하면 '어떻게 살아야 할 것인가'에 대한 답을 소풍에서 찾을 수 있을 것 같다. 아버지가 '잘' 놀다 오라고 한 것처럼 인생도 '잘' 살아야 할 것이다. '잘' 산다는 것은 소풍 친구하고 잘 놀고 도시락도 맛있게 나눠 먹고 내가 가진 것을 나눌 줄도 알아야 할 것이다. 가끔 살다가 목도 마르고 지겨워질 때면 사이다같이 톡 쏘는 것도 같이 마셔가면서 목멤을 함께 예방하는 것이다. 아버지가 말씀한 '잘'

이란 단어 속에는 모든 것이 내포되어 있음을 알 수 있다.

'잘'하기 위해선 인내하고 질서를 지키고 조화를 이루며 화합하고 상생하기 위해 배려하며 혼자 욕심부리지 않아야 한다. '잘'이란 단어 안에는 아주 많은 속성이 함축되어 있다는 것을 깨닫게 된다. 그 다양한 감정들을 비벼대면서 관계를 적당한 거리로 유지하다 보면 바닷가의 반질반질한 몽돌처럼 닮아 가고 있지 않을까. 모가 난 돌로 태어났지만, 자꾸 부딪쳐 가면서 깎이고 다듬어져서 '고향에 돌아갈 시간'이 다가온다. 반들반들한 몽돌이 되어 가고 있는 자신을 발견한다.

어떻게 살아야 하는 걸까. 고통을 어떻게 받아들여야 할까. 모난 돌이 몽돌이 되도록 살아야 할까. 소풍 와서 '잘' 놀다 가는 마음으로.

# 지하도 옆에는 우측 도로가 있네

❀   혼자 떠나면 언제나 두렵다. 캄캄한 길을 동행 없이 운전하다 보면 내비게이션이 있어도 길을 잘못 들어선 건 아닐까 불안하다. 야간 운전이나 낯선 길과 아는 길이라도 더욱 그렇다. 가끔 고속도로 출구를 놓쳐서 같은 구간을 뱅뱅 돌아본 길치라면 직진하다 갑자기 방향을 옆으로 바꿔 튼다는 것은 생각조차 하지 못한 경험이 있을 것이다.

'라 스트라다La Strada'라는 오래된 이탈리아 '로드무비'는 거친 유랑 길에 여러 사람을 만나고 인생을 배워나가며 겪어내는 영화다. 차력사 잠파노와 가난한 부모에게 몸값을 치르고 데려온 순박한 처녀 젤소미나의 여정 이야기이다. 그들을 통하여 "2차대전에서 패하고 잿더미가 된 삶의 터전을 다시 일구어내는 이탈리아인들의 고달팠던 일상의 애환"을 담아냈다. 마토라는 광대가 "개가 사람을 보고 짖는 것은 말을 못 하기 때문이며 잠파노가 너를 때리고 못되게 구는 것은, 너를 사랑하지만, 그 방법을 몰라서 개처럼 짖는 것"이라고 설명해 준다. 젤소미나는 '잠파노가 자신을 사랑하기 때문에 못살게 군다'라는 마토의 궤변 같은 말에 '아주 조금은 나를 사랑하는구나'라며 꿈꾸는 듯한 표정을 짓는다. 그녀처럼 피할 수 없을 땐 생각을 달리 바꾸는 것도 방법이다.

잠파노가 살인의 장면을 목격한 후 실성하여 길가에 잠든 젤소미나의 손에 약간의 돈과 트럼펫을 곁에 둔 채 잠파노는 그녀를 버리고 몰래 길을 떠난다. 세월이 한참 지난 후 바닷가 마을을 산책하다 어디선가 젤소미나가 트럼펫으로 연주하는 곡을 듣게 된다. 하지만 빨래를 널던 낯선 여인의 콧노래였다. 이 곡만을 연주하다가 시름시름 앓다 죽었다는 젤소미나의 소식을 듣고서 잠파노는 뒤늦은 회한의 눈물을 흘린다. 세상은 결국 다른 길로 가더라도 제 길로 돌아오기 마련이다. 그러니 길 가다가 힘이 들 땐 발걸음이 아니라 마음을 달리 먹는 것이 최고의 방법이다.

인생길에선 밝은 날일수록 어두운 그림자가 짙고 긴 것이 세상살이다. 갑자기 다가온 어둠에 기겁하고 놀라긴 하겠지만 큰 충격에 비해 고통이 짧을 수도 있다. 반면, 긴 병마와 싸우는 가족이 있을 때 언젠가는 닥쳐올 이별을 준비하면서 하루하루 살아간다. 기약 없는 마지막 날을 질질 끌고 간다면 지쳐서 온몸에 기운이 빠져나가고 해방될 그 날이 올 것을 은근히 기다린다. 그러는 동안 인간적 양면성의 가책에 시달리기도 한다. 우리는 언제나 두 갈림길에서 어디로 갈까 고뇌하는 갈대일 수밖에 없다.

길은 걸어가면서 깨우치는 교과서 같은 것이다. 길이 직선일 수만은 없다. 직행할 수만 있다면 좋겠지만 꼬부랑길도 있고 가다 보면 꺾어진 급경사 길도 만나게 된다. 길이 그렇게 생겼으니 그냥 묵묵히 가던 방향대로 계속해서 가는 것이지 길이 왜 이렇게 생겼냐며 투덜대고 되돌아오는 사람은 없다.

살아가는 것은 마치 운명의 덫이 끄는 길 같다. 주어진 방식대로 살아갈 뿐이다. 그러나 인간이 가장 위대한 것은 운명의 바위를 포기하지 않고 굴려 올릴 때이다. 세상 그 어느 것도 인간의 의지만큼 빛날 수가 없다. 시시포스의 신화처럼 힘들여 끌어 올린 공든 탑이 와르르 무너졌을 때, 참담하지만 다시 쌓아 올리기 위해 내려간다. 인간이 위대하다고 하는 것은 내려가면서 자신을 돌아보게 되는 계기를 갖기 때문이다. '내가 왜', '하필이면 왜 나지', '내가 무슨 죄를 지었기에' 하고 반성할 기회를 얻는 것 또한 인간 이외에 무엇이 있을까.

고통을 달관해 가는 모습과 '그럼에도'라며 기꺼이 감수하는 결의가 위대한 것이다. 스스로 짊어지고 기어이 내려온 길을 다시 오르는 모습. 그때 인간에게는 세상을 보는 인생관과 역사관 철학관이 생겨날 수 있다. 절망을 겪었을 때 용수철처럼 튀어 오르는 탄성을 가지는 것이다. 탄력은 마음의 복원력이다. 탄력의 힘을 이용하여 다시 솟아오르려고 마음을 고쳐먹기 시작하면 그때 비로소 가던 길의 옆길이 눈에 들어온다. 잘못 들어선 길에는 반드시 우회도로, 즉 지하도 옆 우측 도로가 있기 마련이다.

어둑어둑해진 초행길로 잘못 접어들어 지하도를 향해 달리고 있을 때, 내비게이터 속에서 반복하며 "지하도 옆 우측 도로가 있습니다."라고 알려주는 음성이 들려온다. 지하도로로 곧장 빠져들어 가는 길인데 지하도로 빠져들어 가지 말고 우측 도로가 있으니 그쪽으로 가라고 반복해서 융통성을 상기시켜 준다.

지하도 옆 우측 도로. 그렇다. 지하도로 옆에는 반드시 우측 도로가 있었다. 그것을 생각하지 않고 살았기 때문이다. 인간은 자연 치유 능력을 갖추고 있다. 자연 항생제 역할을 하는 잠이 그런 것이다. 차분하게 휴식을 취하고 정신을 가다듬으며 주위를 살펴보면 해결의 방책은 반드시 있기 마련이다. 다만 인식하지 못하고 지나쳐 왔기 때문이다.

교통법규 범칙금 통지서를 매주 연달아 받았다 한들 그동안 경찰관 몰래 수없이 위반했음에도 범칙금 딱지를 받지 않았던 일을 떠올리며 돈을 내지 않았던 요행에 웃어보자. 다니던 직장을 잃게 되거나, 직장이나 학교 내의 따돌림 등에도 다른 시각으로 새로운 시작을 할 기회가 왔다고 달리 생각해 보는 눈을 가져보자. 느닷없이 생각지도 않은 황당한 세금청구서를 받았다면 어찌할 것인가. 죽은 배우자가 누군가를 위해 숨겨놓은 토지재산이 가산세까지 붙어 온 바람에 발각되는 때도 있다. 큰돈을 갑자기 낼 일이 발생한다면 어이없다. 그때, 국가가 대신 찾아준 로또처럼 불어난 재산에 괘씸한 생각보다 고마움을 가져보자. 뇌경색과 심장 판막증이 있는 이가 최근 부정맥까지 더해졌다며 우울해한다. 그러니 더욱더 부정맥 증상이 심해졌다. 그럴 땐 병명을 발견한 것이 오히려 다행이다. 모르고 조심하지 못해 변을 당하기 쉽다. 미리 알았으니 조심하면서 준비하지 않겠는가. 생각을 바꾸면 의외로 해결책은 가까운 곳에 있다. 가던 방향을 틀지 않고 습관처럼 진행하려니 방책이 강구되지 않을 뿐이다.

불행은 한꺼번에 몰아서 오는 법이다. 가을 수확을 위해 여름 뙤약

볕 고통을 감수하는 농부의 마음을 상기해 보자. 농부가 여름날 땡볕에서 비지땀을 흘려가며 일하는 까닭은 그에게 가을이 있기 때문이다. 봄에 곡물을 심어 여름에 수확하는 종류가 있다. 그 곡물을 걷어내고 나면 땅이 쩍쩍 갈라지고 살갗이 벌겋게 타들어 가는 태양 아래서 다시 그 땅에 파종하여 가을에 수확하는 곡물도 있다. 가을 수확 곡물이 중요한 먹거리 삶에서 대부분을 차지한다. 인생도 그렇다. 가장 힘든 시기를 겪어냈던 경험은 삶의 중요한 가치관을 갖게 해주는 법이다.

우리 인생길에는 반드시 옆길이 마련되어 있다. 지하도로 같은 감정의 늪으로 빠져드는 순간에도 다른 방도의 옆길이 있다는 말이다. 사방이 꽉 막혀 사면초가일 때는 지붕을 뚫고 탈출하는 방법도 있지 않겠는가. 불행이 블랙홀처럼 우리를 끌어당길 때 지하도 옆 우측 도로가 있다는 것을 반드시 꼭 떠올리게 하자.

삐뚤삐뚤 찍혀있는 발자국을 차근차근 다시 하얗게 덮어주는 봄눈. 살아온 인생길도 봄눈처럼 가끔은 다시 덮고 새로 찍어 나갈 수 있다면 어떨까. 새로 난 깨끗한 그 길에 새 발자국을 가지런히 찍어서 간직할 수 있다면 좋겠다.

- '봄눈' 중에서

# 2부 갈대의 순정

**봄눈** ❄ 4월의 눈이 하얗게 내린다. 봄바람에 실려 투명한 유리창 너머 내리는 눈은 흩날리는 바람 같다. 히터마저 약해 오븐까지 틀어 문을 열어젖힌다. 열기가 집 안으로 구석구석 퍼지기를 기다리며 이불을 덮고 침대에 기댄다. 어떤 생각이 있는 것도 아닌 그저 바라보고 있다. 인적이 끊어진 조용하고 작은 웨스트 라피엣 도시 전체에 마치 하얀 속치마 커튼이 살랑이는 듯하다.

웨스트 라피엣에는 4월에도 눈이 내린다. 오월이 되어서야 봄바람이 불고 어느 날 갑자기 싹이 튼다. 그 봄이 언제 올지 몰라서 달력에는 버드즈 싱잉데이bird's singing day가 있다. 새들의 노랫소리가 들리기 시작하면 봄이 온다고 생각했던 모양이다. 나무에 촉이 나오면 잎은 금방 넓어지고 이내 녹음이 우거져 급하게 꽃을 피운다. 단풍을 맺는 것까지 다섯 달 안에 짧게 이루어진다. 겨울은 잿빛 회색같이 길다. 그 변화는 짧고도 진하고 굵다. 한겨울도 아닌 봄을 기다리는 즈음에 내리는 4월 눈은 가는 젊음을 부여잡아 보려는 중년의 마음 같다.

그를 모질게 떠나보내고 학교 앞 남영역을 맴돌았다. 저물녘 흩어진 바람이 가슴속을 후벼 팠다. 오지 않을 한 가닥 희망의 끈을 놓지 않고

서 있었다. 열차 문이 열리고 내리는 인파 속에서 열심히 그를 찾고 있었다. 모질게 내쳐 보냈어도 '혹시나, 어쩌면'이라는 가능치도 않은 희망에 매달렸다. 사람들은 그것을 미련이라고 말한다. 보내고 아쉬워서 애태울 바엔 차라리 보내지나 말았을 것. 가슴 저미며 오랫동안 멍하니 서 있었다. 스물네 살의 바람은 춥고 예리한 칼날같이 스산했다.

괴로워하며 울부짖던 그가 술만 마시다 레지던트 시험에 떨어졌다는 선배의 말에 고양이가 쥐 생각해 주듯 위로차, 공중보건의 수련원을 찾았다. 잊어버리라고 하고 싶었지만 못했다. 여전히 투정 부리는 변함없는 그의 모습에 말이 막혔다. 야구 시합을 보러 가자며 아무런 일도 없었던 것처럼 툭 내던진다. 가지 않겠다고 천만번도 더 다짐했건만 일주일 후 발은 어느새 동대문야구장으로 가고 있었다. 망설이다가 한 시간쯤 늦게 도착한 동대문 3번 출구에 그는 보이지 않고 허황한 바람만 기다리고 있었다. '차라리 잘됐다. 그래. 역시 인연이 아닌 게야'라며 마음을 다독였다.

수십 년이 흘렀다. 알러지 치료차 나는 강의 중간 비는 시간을 틈타 아무 병원이나 들어갔다. 예상치 못했던 그가 중후한 중년이 되어 어둑한 진료실에 앉아 있었다. 젊은 시절 잠시 방황은 했으나 그는 종합병원 원장이 되어 있었다. 뜻밖의 마주침에 당황하여 낯빛이 발갛게 상기된 그가 느닷없이 그때처럼 생생한 기억을 끄집어내듯 물었다. "왜 그날 운동장에는 안 나타났소." 전혀 기억이 안 나는 양 나는 새침뗐다. 오랫동안 기다리다 다른 출구에 가서도 기다리고 이곳저곳을 헤맸다고 한다. 얘기가 끝날 때까지도 나는 기억 속에 전혀 없는 척했다. 지금 와서 기억이 난들 어찌하랴. 내가 갔었다고, 남영역에도 다시 찾아오기를 눈물이 날 만큼 기다렸다고 말한들 무엇이 달라질까. 우리는 처음부터 맞지 않았고 지금도 여전히 어긋난 사람이 되어 멀리 와버린 것을.

알러지에 좋은 약이라며 가득히 챙겨준다. 부담스러워하는 내게 "나랑 결혼했더라면 이거 다 자기 건데 뭘." 그런다. 결혼이란 새삼스러운 말에 그가 연정을 품었던 날로 기억이 돌아간다. 다시 태어난다면 그땐 자기와 결혼해 달란다. "잘해주는 우리 남편하고도 다시 할지 고려해 볼 문젠데."라며 감성 파괴의 농담을 일부러 던졌다. 농담이지만 도덕적 제한을 두자는 경고의 의미였다. "내가 참 눈이 높았지. 이렇게 여전히 고운데." 그런다. 자꾸만 옛 연정이 떠오르는 모양이다. 되돌아보니 그는 애썼지만 나는 까다로웠다. 연애에 서툴렀기 때문이다. 상상해 본다. 지금처럼 조금만 유하게 받아들였다면 두 남녀는 과연 어찌 되었을까.

식사하자며 붙잡았다. 단 두 사람인데 넘치도록 음식을 주문한다. 순간 가슴이 막히는 듯하여 음식이 넘어가지 않았다. 잊고 있었던 그때의 거식증이 떠올랐다. 그랬다. 그를 만나면 항상 거식증 때문에 힘들었다. 살기 위해 도망쳐야 했다. 주머니 사정이 넉넉지 않았을 대학 시절에도 동아리 회원 전부를 일식집에 데려가서 먹였다 내 환심을 사려고 그랬지만 회를 좋아하지 않는 나는 그 마음도 모르고 와 버렸다. 계산할 때 돈이 모자라서 청진기와 시계를 맡겨 두었단다. 잘하려고 하는 일마다 어긋나 버렸다. 모두가 청춘의 열병을 앓고 있을 때였다.

둘째 아이가 의대에 입학할 무렵, 문득 그가 떠올랐다. 힘든 공부를 해야 하는 그에게 무척 미안했었다는 것을 그제야 깨달았다. 저녁 먹고 헤어지며 그는 무심한 듯 툭 던진다. '잘 가요. 내 첫사랑.' 황송하게도 솜사탕같이 보드랍게 녹기 쉬운 달콤한 그 언어 '첫사랑'이라니. 고통을 준 사람에게 여전히 그는 사랑으로 화답하며 되돌려 준다.

우연한 재회 후 미국으로 건너온 지 몇 해가 지났다. 양지 녘이라고 해도 아직은 찬 바람이 머물고 있어 옷깃을 여민다. 따뜻한 봄이 되려면 아직도 멀었는지 촉촉한 봄비가 와도 시원찮을 터에 싸라기눈이 꽃처럼 휘날린다. 뾰족이 움터 나오는 새싹은 파란 하늘을 보며 외로움을 나누듯 고개를 내민다. 부드러운 흰 눈이 길 위에 얇게 드리워졌다. 누군가가 황급히 걸어갔나 보다. 발자국이 선명하게 찍혀있다.

삐뚤삐뚤 찍혀있는 발자국을 차근차근 다시 하얗게 덮어주는 봄눈. 살아온 인생길도 봄눈처럼 가끔은 다시 덮고 새로 찍어 나갈 수 있다면 어떨까. 새로 난 깨끗한 그 길에 새 발자국을 가지런히 찍어서 간직할 수 있다면 좋겠다. 다시 시작하고 싶은 딱 그 지점에 하얀 눈이 덮인다면. 내 인생의 드라마 속에 잠깐씩이라도 등장해서 동행해 준 그 사람들에 대하여 성숙해진 사랑의 안부를 건네고 싶다.

가슴 설레며 봄눈 맞이한 두근거림을 태평양 너머 한국으로 보내고 싶어졌다. 누구든지 그대가 되어 받아 주기를.

# 손톱 ❀

꽃물 들이는 계절이다. 작고 촌스러운 얼굴로 조롱조롱 모였다가 낱낱이 떨어지는 붉은 꽃잎. 손바닥 가득 모아 작은 절구에 찧어 백반을 섞는다. 돌려 감싸기 좋게 생긴 파리하고 톱니 같이 생긴 길쭉한 이파리로 싸고 실로 동여맨다. 밤새 벗겨질까, 꽃물 색이 제대로 입혀지지 않을세라 팔을 높이 들고 만세 부르듯 이불 밖에 손을 꺼내놓고 긴장하면서 잠을 부른다. 아침이 되면 붉은 햇살과 함께 손톱에도 빨간 여인의 빛이 옮아 있다.

다시 봉선화 꽃물 들이는 계절이다. 봉선화 꽃물은 손톱 끝에 겨우 애처롭게 남아 매달려 있는 듯 남아있다. 그 손톱 끝이 잔인하리만큼 애잔하고 미쁘다. 그런 손톱을 가진 여인은 손가락이 아무리 둔탁하고 뭉툭해도 손끝만 가지고도 애교를 부릴 수 있다. 새침한 표정 가득 담은 얼굴이다.

꽃물 흉내라도 내고 싶어 네일 숍에 들렀다. 갈라진 손톱을 보완할 겸 해서이다. 봉선화 자연색을 최대한 닮은 색감을 내달라는 고객 요청에 작은 스펀지에 묻은 색조를 두드리는 그녀의 솜씨가 예사롭지 않다. 손톱 끝에서부터 그러데이션을 한다. 비슷해져 간다. 위에 투명한 펄 색조를 입힌다. 비슷하다. 도자기처럼 열처리하여 빼내니 봉선화 꽃물이 들어 버렸다. 똑같다.

머리를 감다가 머리카락이 손톱과 젤 네일 사이에 끼어 틈을 만들었다. 네일 숍 직원이 허술하게 시술했던지 한 달도 안 돼 벗겨지기 시작했다. 덜렁 들린 사이로 곰팡이가 필세라 다시 네일 숍을 찾았다. 손톱이 갈라지면서 하기 시작했던 호사. 내게 손톱 문제가 생기기 전에는 젤 네일 하는 여자를 흉봤던 여성들의 허영기를 내가 하게 될 줄 꿈에도 몰랐다. 남 말은 함부로 하는 게 아니었다. 겪어봐야 이해하게 되는 것. 비로소 세상이 보이기 시작했다.

가을 초입에 들어섰다. 바쁘게 네일 숍에 다시 왔다. 갈라진 손톱이 아프기 전에 네일을 얼른 입혀 주어야 한다. 손가락을 내밀고 있으면 네일 숍 직원은 손가락을 가지고 보석을 다루듯 온갖 호강을 시켜준다. 손톱 끝을 손톱깎이로 자르고선 사포로 부드럽게 갈아 가장자리의 굳은살 큐티클을 잘라낸다. 보통 때 같으면 관심거리도 안되는 손톱의 작고 얇은 큐티클이다. 손톱 위를 문질러 광이 나게도 해놓는다. 영양제를 발라주고 손가락에 깍지를 껴서 딱딱 소리 나게 스트레칭을 시킨다. 돌돌 문지르며 마사지를 해주고선 따뜻한 온수로 데운 수건을 갖고 와서 따스하게 찜질을 한다. 손 하나만으로도 장시간 온몸 안마를 받은 것같이 피곤이 싹 가시는 편안하고 녹아내리는 느낌이다. 클레오파트라도 이런 호강을 해봤을까.

그 후, 본격적인 작업에 들어가기 시작한다. 무슨 색을 선택할 거냐고 직원이 묻는다. 글쎄, 겨울도 다가오니 이번에는 화려하게 번쩍번쩍 빛나는 보석을 박아 크리스마스 분위기를 미리 내어볼까나. 가을 단풍에 어우러질 감 빛깔 낙엽색이 깃든 디자인을 입혀볼까. 형형색색의 샘플 책을 넘겨보고 있는데, 이재하의 발라드곡 '첫사랑' 노래가 나지막이 귓전을 넘어온다. 명치 끝에 다다랐다. 맞아, 첫눈이 올 때까지 봉선화 꽃물이 남아있으면 소망하는 사랑이 이뤄진댔지. 그래, 그때로 가보는 거야. 봉선화 꽃물처럼 또다시 입혀달라 주문했다. 직원이 의외라는 표정으로 눈을 동그랗게 뜬다. 첫눈이 올 때까지 잘 지켜 갈 거라고 했다.

피식 웃는다. 나도 활짝 웃었다. 그녀는 그 나이에 무슨 사랑을 꿈꾸냐며 웃었겠지만, 이 나이에도 사랑을 꿈꿀 수 있는 행운이 아무에게나 오느냐며 나는 더 활짝 웃었다. 길고 늘씬한 내 손톱이 따라 송곳같이 붉게 웃고 있었다.

미혼 남자들의 이상형 조사에 따르면, 1위에 예쁘고 날씬한 여자, 2위는 예쁘고 현명한 여자, 3위 예쁘고 말 잘 통하는 여자, 4위 예쁘고 지혜로운 여자, 5위 예쁘고 착한 여자 등등 끝까지 '예쁜 여자'를 찾는다고 한다. 미혼 남자들에게는 여자가 예쁘면 세상 모든 것이 용서되고 허락된다. 그래서 성형이 조장되는 사회다. 성형하고도 예쁘면 그만이라지. 어쩔 수 없는 진실이다. 반면, 기혼 남자들의 이상형은 '새 여자'란다. 농담 같은 우습고도 슬픈 진실이다.

불행 중 다행인지 합법적이고도 객관적인 새 여자가 될 수 있는 조건을 원하지 않았는데, 나도 모르게 어느 날 갑자기 갖게 되었다. 내가 몸가짐을 조신하게 살펴주며 애절하게 그를 아낀다고 생이 자비를 베풀어 주던가. 저마다 타고난 운명이 있는 것을. 그래서 말이다. 행여 새 여자가 되는 날이 내게도 온다면, 그때는 그의 뜨겁고 붉은 심장에 새빨갛게 기른 갈고리 같은 손톱을 깊고도 깊게 '확' 꽂아 놓으리라. 절대 놓지 않으리라. 지옥까지도 따라가리라. 갈 수만 있다면. 나를 찾아온 그를 위해 부엌부터 당장 없애리라. 온전히 그만을 바라보리라. 남의 눈길에도 주저하지 않으리. 그때는 그와의 밤, 그의 등에 팔八자 여덟 줄 손톱자국 과감하게 그어놓고 보리라.

흔들어 주면 맘껏 흔들려 주고 그를 위해 기꺼이 율녀가 되어 춤춰 주리라. 그가 만든 절정에 더 큰 소리로 환호하리라. 새들조차 시샘하며 훼방 놓는 아침이 오면, 내가 먼저 연모함이라 매일 입 맞추리라. 변강쇠와 옹녀가 만나 천둥소리, 번갯불이 번쩍였듯이 주저 없이 벼락 치는 아찔함도 즐기리라. 애모를 노래하는 침상 위에서 적극적인 흠모를 애무하리라. 어우동의 희롱으로 장난질 치고 달리는 경주마처럼 눈가리개를 씌우고 곁을 보지도 못하게 하리라. 바보같이 벌렁벌렁하는 콧구멍 표정에도 칭찬하고 격려해 주리라. 늦게 시작한 만큼 더 깊고 더 짙게 살아 보리라.

그의 주머니 사정 아껴주며 보석도 꽃다발도 사양하는 어리석은 짓을 절대 하지 않으리라. 처음을 함께하려 늦은 밤 기다리지도 않으리라. 그의 명예를 위해 간절하지 않으며 내 소명을 희생하지 않으리라. 장독대를 없애고 발효저장 음식 같은 건 준비하지도 않으리라. 어차피 인생은 정해졌더라. 건강을 챙긴다고 장수하게 되는 것도 아니더라. 상을 받거나 기쁜 일이 생겼을 땐, 마음 놓고 큰소리 뻥뻥 쳐대며 자랑할 것이다. 세상천지에서 나 혼자만 어렵사리 받았다고 과장된 허풍으로 거짓말해 대고도 가책 같은 건 전혀 느끼지 않을 테다. 교양 따위는 멀리 던져 버릴 거다. 몇 잔의 술에 마음 풀어 버리고 흐트러진 차림에도 스스로 다그치지 않을 것이다. 그러나 그날처럼 현관 앞, 배웅하는 마지막 입맞춤은 절대, 절대로 하지 않을 것이다.

　단풍 입는 만큼 봉선화 물빛 손톱을 다듬는다. 이 나이가 다 되어도 기다릴 수 있는 소망 하나쯤 품을 수 있는 여자가 진정 여인 아닌가. 곁에 그가 있는 여자라면 더 좋은 기회가 왔음이다. 붉은 잎새가 마음을 주저 없이 뛰게 하는 고마운 가을. 손톱에 진한 사랑물 들이고 새벽 이슬 밟으며 그에게로 가는 마음 품어 영글어 보자. 첫눈이 와주기를.

# 헛구두 ❀

안동 간고등어만큼 유명한 지역특산물 헛제삿밥이 있다. 바닷가 마을이 아님에도 간고등어가 있고 제사를 지내지 않는데도 제사 밥상이 차려진다는 것이 흥미롭다. 그래서 이름도 헛제삿밥이라 부른다.

제삿밥에는 종가댁 며느리의 은근한 자부심과 고단한 숨결과 골병의 한숨이 녹아있다. 제사를 지낼 때의 향냄새나 촛불 연기의 흔적이 배어서인지 다른 맛이 난다. 제사 음식에는 조상님을 모시겠다는 정성, 자손의 번영을 바라는 간절한 염원, 도망갈 수 없고 떨칠 수 없는 종손 운명의 맛, 요약하면 삶의 수고 같은 그 무엇인가 배어있는 맛이다. 헛제삿밥을 꼭 먹어 보라는 말에 먹어 보았지만, 그 맛은 헛헛하다는 느낌이 들었다. 말 그대로 '헛'이었다. 양념이나 재료가 다른 것도 아닌데 어쩐지 가볍고 얇고, 떠 있다는 느낌이었다. 그래도 제삿밥이었다. 혼령이 찾아와 밥을 먹는다는 본질이 빠졌지만, 지차들에게는 그나마 위안이 되는 음식일 것이다.

우리 집에도 헛헛한 물건이 있다. 바로 현관에서 묵묵히 자리를 지키는 남자의 구두다. 결혼 초부터 남편의 구두를 매일 먼지를 털고 구두약을 칠해 광을 번쩍번쩍 나게 닦았다. 어깨너머로 본 경험만 믿고 구두약이 손에 묻는 줄도 모르고 닦았다.

구두닦이들은 앞 의자에 앉은 손님의 구두를 무릎 꿇고 닦으며 퉤퉤 침을 뱉어가며 광을 낸다. 침이 광을 더 나게 하는 화학적 반응을 일으킨다는 막연한 믿음이 있는지는 모르겠지만, 차마 그렇게까지는 할 수 없었다. 온종일 수고하는 남편의 발을 감싸고 보호해 주는 신발이라는 생각에 스펀지에 물을 묻혀 조심스럽게 닦았다. 물로 닦아도 충분히 빛이 나는데 구두닦이들은 왜 침을 탁탁 뱉으며 닦았을까. 세상 가장 밑바닥의 물건을 닦으며 살아야 하는 현실에 대한 울분일까. 아니면 가족들의 생계를 책임져야 하는 가장의 처지에 대한 오기나 저항을 구두에다 무언으로 퍼부었던 것은 아닐까.

남편은 늘 구두를 신발장에 넣지 않고 현관에 벗어두곤 했다. 그가 마지막으로 나간 날도, 구두를 현관에 벗어두고 등산화를 신고 나갔다. 장례를 치르고 집에 돌아와 보니, 현관에 발자국처럼 덩그러니 벗어놓은 그의 구두가 소리 없이 아는 척해 가슴을 울렸다. 구두를 벗어놓고 들어가 집 안 서재 어딘가에 앉아 컴퓨터 작업을 하고 있을 것만 같았다.

그의 물건들을 모두 치우고 정리하는 동안 그의 체취를 담은 옷 한 벌, 구두 한 켤레쯤은 남기고 싶었다. 낯선 이가 혹시 방문할 때 그의 부재를 들키고 싶지 않았다. 죽어서도 파수꾼처럼 가정 지킴이 노릇을 시키고 싶었던 여자 마음이었다. 남편의 구두가 '어질러 놓은 물건'

이 아니라 우리 집의 '지킴이' 역할을 그동안 해왔었다는 것을 뒤늦게 깨달았던 순간이었다.

일상으로 빠른 회귀를 바라는 아이들 때문에 그 자리에 아들의 신을 놔두어 보았지만 뭔가 이상했다. 믿음직하고 의젓한 아들이지만, 그의 신은 남편의 신과 느낌이 달랐다. 믿음직한 두툼함이 없다고나 할까. 내가 느끼는 두툼함이란 단순히 신발의 두께 문제가 아니었다. 가족을 지키고자 하는 책임감, 가장의 무게감, 묵직한 삶의 인생론이 두툼하게 깔린 어떤 결이 아니었을까. 그의 남겨진 구두는 조용히 침묵하고 있었지만 내게 들려주는 언어는 무엇보다 함께한 세월의 풍성한 추억의 언어를 얘기해 주고 있었다.

결혼을 준비하던 시절, 남편에게 구두를 맞추자고 제안했더니 "신을 사주면 상대가 떠난다."라는 미신을 들며 손사래를 쳤다. 그 말에 오기로 내 구두는 최고 멋진 하이힐을 맞췄다. 정작 구두를 맞추지 않았던 그는 내 곁에서 37년을 함께 살다가 먼저 떠나가 버렸다. 그의 주검에 마지막 입맞춤하고 큰절하며 비장하게 말했다. "그동안 고마웠어요. 날 평생 행복하게, 정열적으로 사랑해 줘서." "가족은 염려 말고 이젠 편히 쉬세요. 그동안 참 수고하셨어요. 당신은 최고의 남자였어요." 다정다감했던 그는 입을 닫은 채 말이 없었다. 그의 침묵은 밤을 지새우며 심오하고 거룩한 언어를 내게 들려주었다.

생전 그는 종종 물었다. "당신은 왜 날 사랑한다고 말하지 않아." 쑥스러워 침묵했다. 아니, 너무나 소중해서 입에 담는 순간 사랑이 날아가 버릴까 두려웠다. 그가 꼭 듣고 싶었던 말은 '사랑'이었을 텐데 마지막 순간, 그에게 전한 말은 '사랑'이 아닌 '감사'였다. 그때 '감사'라는 한마디 말 안에 얼마나 깊고 뜨거운 사랑의 침묵이 담겨있었는지 알기나 했을까.

사실, 그동안 참 많이 감사하며 살았다. 그가 떠나기 전날, 대화를 나누던 순간에도, 꽃이 피어있는 정원을 바라보며 감사 기도드렸다. 부모보다 더 믿음직한 남편을 준 신께 감사했다. 주검 앞 마지막 인사말도 오직 '감사'였다. 천상 영혼 그는 이제 알게 되었으리라. '감사'는 '사랑'의 또 다른 이름이라는 것을. 그러나 사랑보다 더 큰 감사는 남자의 삶을 아는 것이었다.

두꺼비는 천적 앞에선 공기로 자신의 몸집을 부풀린다. 상대를 제압하기 위해 최대한 능력껏 몸집을 부풀렸다가 끝내 무리하면 터져버리기도 한다. 세상의 남자들이 남편이 되고 아버지가 되면 직장에서 두꺼비처럼 과도하게 자신의 능력보다 더 커다란 헛몸집을 부풀려 가면서 산다. 그것이 자신에게 해가 된다는 생각의 여유를 갖지 못한 채 녹록지 않은 세상을 살다 마침내 '펑' 터져버리고 만다.

아버지라는 이유로 평생 불안함 속에서 가족을 등에 업고 살아야 하는 침묵 속의 신음을 나조차 귀 기울여 들어주지 못했다. 밤새 취하도록 술을 마시고, 때로는 밤늦게 화투를 치는 일탈이 가족이란 무거운 등짐을 침묵으로 이겨내려는 몸부림의 절규였다. 컴컴하고 무거운 부동의 침묵 속에서 주름진 구두의 낡은 뒷굽과 엷어진 구두 볼이 들려주는 묵직한 무언의 대화로 조금씩 깨달아 가고 있다. 떠났어도 떠

나지 못하는 남자의 헛구두가 서서히 여물어 가는 여자를 지켜주느라
아직도 현관에 묵묵히 남아있다.

# 갈대의 순정 ✿

그곳에는 사람이 누우면 갈대도 눕는다. 한낮의 따가운 태양 볕이 무섭지 않다. 하염없이 강을 바라보다 다정한 얘기꽃도 피운다. 어둑어둑 해가 질 무렵이 되면 여자는 마음이 조마조마해지고 남자는 조급해진다. 붉게 타는 석양도 청춘들의 마음을 읽었을까. 불타는 청춘의 열기를 묵인하듯 강 너머에 고개를 떨구고 모른 척 눈감고 누워버렸다.

땔감으로 재어 둔 장작이 화목난로 안에서 이글이글 타고 있었다. 멋으로 가져다 놓은 중고 하얀 그랜드 피아노가 앞자리를 차지하고 있다. 기타와 여러 현악기가 무대처럼 재현해 놓은 흙 땅에 비스듬히 누워있다. 이름도 옛시인의 제목 따라 강나루다. 비닐하우스를 개조한 술집이자, 찻집이다. 광고한 적 없어도 연인들은 잘도 찾아간다. 그곳은 연인이 되기 전 구애 장소로도 적당한 장소였다. 대낮에도 을숙도 갈대밭에는 중간중간 움푹 파인 갈대가 눌린 자국이 있다. 갈대가 누워있고, 파여 낮아신 곳에는 들어가지 말라고 했다. 그곳에는 반드시 한창 물오른 연인들이 누워 사랑하는 장소인 까닭이다. 데이트족에게 은근히 생긴 불문율이었다.

을숙도 갈대밭에서 온갖 관심을 끌며 남자는 여자 마음을 가지려고 노력한다. 어둑한 갈무리를 이용해 가진 재주를 총동원해 여자 환심을 사려 애쓴다. 거의 목적에 도달하여 갈 무렵이면 들러보는 곳이 그 강나루다. 강나루에선 정해진 주역이 없다. 누구나 한 번씩 흥이 오르거나 낭만에 취하거나 프러포즈를 하고 싶을 때 적극적으로 무대로 나가 설 수 있다. 기타로 노래를 하기도 하고 피아노를 연주하기도 하고 다른 악기를 연주할 수도 있다. 다른 악기들이 실제로 연주 가능한 것인지, 모양만 갖춰 놓은 것인지는 확인해 본 적은 없다.

　을숙도에선 아무리 얌전한 샌님 남자 대학 초년생이라고 해도 갈대밭을 거닐다가 늦은 밤 깊어가는 흥취에 막걸리를 마시고 노래 속에 취한다면 마음이 조급해지기 마련이다. 상대가 마음에 든 여자였다면 통금시간이 다가오는 것이 아쉬워 조마조마했을 것이다. 남자들은 그날 저녁 통금시간이 빨리 오기를 바라고 바랐을 것이다. 찻집에서 넋을 빼놓고 즐기도록 시간을 보내다 운이 좋게 통금시간이 다가오게 되면 남자는 성공한 것과 다름없다. 느직느직 버스를 태워주려고 애를 쓰는 듯한 행동을 한다. 그래야 여자에게 최소한 미운털은 박히지 않는다.

　통금 때문에 경찰서에 잡혀가지 않으려면 아무리 얌전한 처녀도 여관 앞에선 문을 열고 얼른 들어갈 수밖에 없다. 문안을 들어서면 사정이 또 달라진다. 남자와 여자는 실랑이를 한참 동안 벌인다. 방문을 열고 들어가니 마니 다투고 실랑이를 한참 동안 주고받게 된다. 남자는 지치지 않고 여자를 설득하려 애쓴다. '손끝도 안 건드릴게', '손만 잡고 잘게'. 순진하고 경험 없는 처녀들은 대체로 이런 말에 대부분 넘어간다. 어차피 여관 복도에서 밤을 하얗게 새울 수는 없으니까. 그날 밤 크렘린 같은 성벽은 무너지고 역사는 생겨난다.

청보라색으로 밑칠을 해놓은 채 놔둔 캔버스가 아뜰리에 한가운데를 차지하고 있었다. 덩그러니 버려진 채 이젤 위에 내버려둔 캔버스의 주인이 궁금했던 건축가 청년이 편지를 보냈다. 글자의 모음마다 또박또박 점을 흘려 찍은 정성이 가득 들어있는 독특한 필체였다. 때로는 촛불에 그슬려 멋을 낸 편지지로, 혹은 말뚝을 그려놓은 팻말 같은 그림 편지지로, 시적인 은유로 문학적 화법으로 여자 마음을 얻으려 노력했다.

기회가 왔을 때 그도 여자와 함께 을숙도를 찾았다. 그리고 밤이 오기를 기다렸다. 그가 쳐놓은 그물망에 눈치 빠르고 약삭빠른 여자는 걸려들지 않았다. 작전에 실패한 그는 그날 이후 몸져누워 버렸다. 그의 어머니가 여자 집을 찾았다. 죽어가는 아들 좀 살려 달라고 했다. 그 밤중의 아찔했던 사건을 알 리 없는 여자의 어머니는 자신의 딸에게 상사병이 난 청년이 있다는 사실에 집중하며 자기 일처럼 설레어했다. 여자는 어머니의 설득으로 남자가 사우디 건축회사에 파견될 때까지만 만나주기로 했다.

그는 가난한 집안의 징남이었다. 누나가 있긴 하지만 실어증에 걸려 말을 제대로 못 하는 가련한 장녀였다. 가족을 내팽개치고 술 좋아하는 한량인 아버지를 대신해 술집 작부를 하며 번 돈으로 가족 생계를 책임져야 했다. 누나 덕에 공부했던 건장해진 남동생들은 고마운 누나이긴 하나 창피하게 느껴지기 시작했다. 장성한 남동생이 여전히 귀엽게 느껴진 누나가 남동생의 데이트에 관심을 가졌다. 남동생은 집에 전화하다가도 수화기 건너에서 누나의 목소리를 듣게 되면 얼른 전화를 끊어 버리곤 했다. 데이트 중인 애인에게 누나의 존재를 알리고 싶지 않아서였다. 그런 동생들의 눈빛을 읽은 누나는 약을 먹고 목숨을 끊으려 했다. 그마저도 마음먹은 대로 되질 않았다. 실어증이란 후유증만 남게 되었다.

그런 누나에게 남자가 생겼다. 가난하고 조금 부족하긴 해도 진실한 남자였다. 상견례 날 누나의 남편감은 '갈대의 순정'을 불렀다고 했다. 노래 끝 소절에선 누나를 살포시 안더라고 하며 괜스레 퉁명스러운 표정을 지었다. 자신의 행복보다는 가족의 행복이 평생 우선일 줄만 알았던 누나의 변심이라고 느꼈던 모양이다. 누나가 떠날 줄 단 한 번도 예상하지 못했을 것이다. 그런 누나가 있다는 것을 사귀기 시작한 첫사랑 여자에게 고백해야 했다. 가난이 싫다며 그 여자는 떠나 버렸다고 했다. 그때부터 그는 여자 마음은 모두 흔들리는 갈대라고 생각하며 대했다.

갈대는 억새를 닮았다. 그러나 억새와 갈대는 사뭇 다르다. 양옆으로 마구 흔들리는 의리 없는 억새를 갈대와 비교한다는 건 갈대에 대한 모독이다. 갈대는 흔들리더라도 의리 있게 한 방향으로만 흔들린다. 그래서 갈대 바람은 부드럽고 다정한지 모른다. 잠시 스치다 날아가는 철새들을 품어주는 것도 을숙도 갈대 바람이다. 그 바람은 메마

르지 않아서 좋다. 다정하고 운치 있게 느껴진다.

바람이 부는 대로 흔들린다고 해서 뿌리까지 흔들리지는 않는다. 흔들리지 않고 살아가는 인생이 어디 있으랴. 운명이 흔들면 흔들리는 대로, 사정이 부대끼면 부대끼는 대로, 그 자리에서 춤추듯 흔들려 주는 것이 갈대의 순정이다. 그러나 거친 바람 속에서 마음만은 순정을 놓지 않는 것도 갈대다. 그것이 여자의 순정이든 사나이 깊은 진정이든. 흔들리는 갈대라고 비아냥거려도 좋다. 가슴속으로 몇만 번의 변심을 해놓고선 겉으로 아닌 척 가식을 세련되게 치장하고 사는 이들이 많은 세상이다. 한번 마음 준 사람이 힘들어졌을 때마저도 온몸과 온 마음을 바쳐 헌신해 본 적이 있었던가. 자기 몸을 모두 태워낸 하얀 재처럼 흉내라도 내 보았는가.

세련되게 단장한 을숙도에는 계절을 가리지 않는 사람들의 발걸음이 잦다. 을숙도 넓은 뜰에서 편안하게 유유자적 거닐고 있는 이 시대 사람들, 하지만 그들은 갈대가 흔들리는 이유를 전혀 알지 못할 것이다. 흔들리는 갈대의 순정을 조금도 지니지 못하는 지금의 사랑법. 이 시대를 살아가는 여자와 남자들이 반드시 지녀야 하는 정. 애정의 의리는 어디 있을까. 광장에서 백발의 노인이 연을 날린다. 바람의 세기에 맞춰 실을 잡아당겼다 놓았다 한다. 연이 바람을 타고 더 높이 올라갈 때마다 갈대도 바람 따라서 힘차게 흔들린다.

세상 어디에서든지 바람이 없는 마을은 없다. 마음속에 바람 한번 품어 본 적 없는 이가 있을까. 바람 따라 당겨진 연은 더 높이 올라가게 되어 있다. 바람의 세기에 따라 흔들리고 있는 갈대의 섭리만큼도 지키지 못하는 순정이 사라진 가벼움을 곡하는 갈대의 소리가 귓전에 들려온다. 갈대가 필 때면 남자는 누나가 생각난다고 했다. 여자는 그가 떠오를 때면 갈대 생각이 피어오른다고 했다. 사람이 들어갈 수 없는 을숙도 갈대숲에는 철새들만 깃들어 낙동강 물소리를 듣고 있다.

# 용서의 계절 🌸 산마루에 있던 산 그림자가 산자

락으로 내려왔다. 화해를 청하려는 몸짓이다. 햇빛도 손을 내밀며 바다로 내려왔다. 바닷물 위의 반짝이는 일렁임. 눈부시게 환상적인 가을 햇살과 바닷물의 찰랑거리는 조우. 저것이야말로 죽기 전에 한 번은 만나야 할 황홀한 '파라다이스 빔'이다. 누구든지 먼저 손 내미는 자가 높고 넉넉한 사람이다. 사랑은 더 많이 사랑하는 자가 고통을 감수하기 마련인 까닭이다.

한여름의 뜨거웠던 빛이 그녀를 공상으로 이끈다. 한여름 밤에 생긴 일이었다. '서울 소재 명문 의대'라면서 한 남자가 다가왔다. 곱상하고 하얀 피부의 사내였다. 밤의 해운대는 태양의 열기와 젊음의 열기로 숫처녀의 가슴마저도 절로 열어젖혔다. 그녀가 어디론가 사라졌다 왔다. 그날 이후 그녀는 혼자 속앓이했다. 연락이 끊어진 그를 찾아서 서울 사는 지인에게 메모를 주며 그 사람을 알아봐 달라고 부탁도 했다. 소용이 없었다. 틀린 전화번호였고 그런 사람도 없었다. 백지장같이 변한 그녀의 표정을 잊을 수가 없다.

그녀는 턱없이 높은 '한여름 밤의 꿈'을 꾼 것이다. 하얀 파도의 포

말처럼 한순간 꿈도 깨져 버렸다. 그 후 억센 전라도 남자를 만났다. 헛꿈을 꾸다 깨어난 그녀는 너무 쉽게 직장 내 성폭행을 당했다. 임신이었다. 하필이면 단 한 번 만에 채워진 족쇄였다. 하늘이 무너지는 듯했지만, 운명에 순종하기로 했다. 그 남자의 행위를 사랑이라고 믿고 싶었기 때문이다.

평생을 그 남자의 속박 속에서 살았다. 사는 동안 그녀 가슴속에는 무거운 짐이 매달려 있었다. 결혼식 전날 영문도 모른 채 자살 바위라는 곳을 따라갔다. "내가 결혼을 하고 싶어서 하는 게 아니다."라며 한숨을 크게 내쉬었다. 가슴속의 비밀을 조금은 털어놓고 나누고 싶었던 모양이었다. 가진 것 없고 나이도 많은 그 남자와 반강제의 결혼을 하는 그녀의 속사정을 따라간 내가 알 리 없었다. 기댈 곳이 없었던 그녀였다. 부모나 가족도 그녀의 울타리가 되어 주지 못했다.

아들을 낳았다. 자신의 발목을 잡은 원인이라는 생각에 그 아들을 미워하고 살았다. 강제 결혼을 하면서 그녀를 가둔 그 남자는 다른 여자에게도 성추행을 죄의식 없이 했다. 그 아들이 대학에 합격했다는 소식을 들었다. 첫 등록금은 내가 해주고 싶었다. 겨울 외투를 사 들고 봉투에 등록금을 담아 달려가 축하해 주었다. 그녀의 상처가 아물기를 바랐다.

대학을 졸업한 아들은 직장을 갖게 되었지만 늦도록 장가를 가지 못했다. 그 아들을 두고 그 남자는 그랬다. "아무 여자나 임신시켜서 데리고 오면 되는 건데 말이야." 그녀를 평생 가둔 그 행위를 마치 전

리품 자랑하듯 말했다. 어이없는 일이지만 그녀의 남편이니까 대꾸하지 않았다. 세상이 변했음을 깨닫지 못하는 그의 배우자가 되어 버린 그녀에게도 상처가 될 테니까. 적군은 아군처럼 변복하고 있었고 그녀는 단지 휴전 상태에 있다고 나는 생각하고 있었다.

세상은 변하고 있었고 뉴스에는 미투라는 이슈가 끓어오르고 있었다. 그녀와 여자는 침묵했다. 그 남자는 여전히 거들먹거리며 살고 있었다. 아무런 자각 증상도 없었다. 그때는 당연히 그러고 살았다고 생각하는 모양이었다. 그녀는 가슴속에 무거운 납덩이를 달고 산다고 여자에게 살짝 말하곤 했다.

가을이 익고 있다. 누구도 흉내 낼 수 없는 자연의 화려한 색조 앞에 고해해야 할 것 같은 마음으로 서 있다. 무거운 열매를 길러낸 나무도 그 무거움을 내려놓고 있다. 잎과 잔가지들도 미련 없이 떠나보낸다. 청아한 하늘도 더 높고 더 푸르게 관조하며 멀찌감치 떠나 침묵하고 있다. 바람은, 태양은 더 많은 부드러움을 지니고 곁을 내어 준다. 자연 속의 모든 것이 자비로움으로 물들고 있다. 이제는 가슴속의 무거움을 내려놔야 할 시간이 오고 있음을 실감하게 한다.

가을이 다가온 이맘때쯤 그녀를 만나 해운대 해변을 거닐었다. 찰랑거리는 바다 물결에서 반사되어 빛의 향연이라고 불리는 반짝거림을 바라본다. 그녀가 말했다. "살아있어서 좋다. 슬픔은 한때 찾아왔던 손님으로 치부하고 싶다."라고 했다. "이렇게 푸르른 날엔 푸르게 살고 싶다."라고도 했다. 단풍같이 넉넉한 마음으로 내려놓고 싶었던 모양이었다. 남편을 미워하는 마음을 가진 것이 자식들에게 걸림돌이 되는 것 같아 마음에 걸렸다고 했다. "그를 용서하지 않으니 내가 괴로워서 더 못 살겠다."라고 말했다. 어쩌면 용서는 자신이 살려고 발버둥을 치는 방법인지도 모르겠다.

무겁게 짓누르던 분노와 노여움, 시기하다 자신이 다친 상처들과 곡해들, 실수가 빚은 원망과 미련. 그 많은 젊은 날의 상처는 애증으로 남아서 그녀를 괴롭히고 있었다. 슬픔이 슬픔에게 말을 전했다. 모두 잊어야 한다고. 아니, 태워 버려야 한다. 태우고 기화시켜 버려야 할 때다. 용서를 연습하면서부터 시나브로 그녀의 상처가 저 혼자서 아물어 가려고 애쓰고 있었다. 슬픔은 한때 잠깐 다녀간 손님으로 치부하고 마음과 언어를 정제하면서 정화된 가슴에는 순한 사랑만 남게 하고 싶다고 했다.

이제 용서의 때가 되었다. 가을이 무르익어 가면 사람도 성숙하게 익어간다. 가을은 단풍의 화려함보다도 내면의 절실함이 깃들어 있는 시절이다. 자신의 모습을 거울에 비춰보며 마음을 들여다보아야 하는 계절이다. 이 계절에는 마음속에 가두어진 누군가를 지워내고 다른 누군가를 품어 사랑해야 할 것 같다. 그녀에게 용서를 연습하는 계절, 가을이 다시 찾아왔다.

# 킨 남, 안 킨 남 ✿ 부업이 애 만들기인가. 뉴스

기사가 뜨자 조롱과 농담이 뒤섞였다. 출산율 하락 시대의 애국자네, 돈 많으면 가능한 일이라며 댓글 창은 폭발했다. 일론 머스크가 14번째 자식을 얻었다는 소식이 전해진 후 나온 반응들이다. 이것은 단순한 출산의 문제만은 아니다. 인간의 본성과 욕망, 관계, 사랑과 번식이 교차하는 지점에 놓인 질문에 답을 던지고 있다.

내가 네 명의 아이를 데리고 길을 걷고 있을 때면, 사람들은 늘 같은 질문을 던졌다. "모두 다 한배에서 나온 거예요." 두 명의 자녀가 일반적인 사회에서 네 명은 비정상적인 숫자였을까. 출산과 양육은 단순한 생물학적 행위가 아니라 개인의 삶을 부모라는 막중한 책임의 삶으로 무겁게 바꾸는 심오한 선택이다. 시대가 변하고, 출산율이 떨어지고, 가족의 형태가 달라지는 지금, 무엇을 기준으로 정상과 비정상을 나누는가.

일론 머스크의 경우, 여러 여성과 관계를 맺고, 그 과정에서 열네 명의 아이를 얻었다. 이번에 낳은 아이의 어머니와는 법적인 혼인 관계가 아닌 여자다. 하지만 대중과 언론은 그에게 유독 관대하다. 한

방송 프로그램에서 이 소식을 다루며 하나같이 '네 번째 부인'이라는 호칭을 썼다. 사회자가 '어떻게 생각하냐'는 질문에 남성 패널들은 계속 빙긋이 웃기만 했다. 그 웃음 속에는 묘한 부러움이 서려 있는 듯했다. 마치 '능력이 되어 저렇게 살 수 있다면 나도…'라는 기대가 스며 지나가는 표정이다.

남성이 여러 여성을 거느리는 것은 인류 역사에서 낯선 일은 아니다. 하지만 법과 도덕이 일부일처제를 규범으로 정한 것은 단순한 사회적 여건으로 만들어진 결과일 뿐이었을까. 아니면 인간관계에 대한 고려와 이해가 담긴 결정일까. 이성 간의 사랑과 신뢰는 본능적으로 독점적일 수밖에 없는가, 아니면 분산되어도 되는가. 우리 몸속 바소프레신이라는 호르몬은 독점욕을 유발한다고 한다. 그런 이유로 다자관계 속에서도 사랑을 과연 지속할 수 있다는 건가. 그런데도 인간은 일부일처제를 최상의 발달한 가족제도로 여긴다.

철학자 루소는 "인간은 자유롭게 태어났지만, 어디서나 사슬에 묶여 있다."라고 말했다. 본능은 자유를 원하지만, 문화 제도는 이를 제한한다. 인간은 사랑에서도 자유로울 수 있을까. 만약 사랑이 소유가 아닌 감정이라면, 왜 배신에 아파하고 신뢰를 중요시하는가. 사랑의 본질이 단순한 호르몬 작용이 아니라면, 관계 속에서 형성되는 일종의 신념이 아닐까.

방송 중의 여성 패널의 반응도 흥미로웠다. 평소 거침없는 발언으로 유명한 그녀는 이번만큼은 조용했다. 같은 방송에서 과거 한 정치인의 성폭력 사건을 두고 맹렬히 비난했던 그녀다. 왜 이번에는 침묵할까. 사건의 주체가 정치인이 아닌, 사회적으로 긍정적인 이미지를 가진 기업가였기 때문인가. 때때로 '누가' 했는지를 기준으로 도덕적 판단을 달리한다. 도덕이 그렇게 유동적이어도 되는 것인가.

이러한 태도는 우리 사회가 남녀 관계를 바라보는 방식의 이중성을 대변한다. 아직도 남성이 바람을 피우는 것은 종종 용인된다. 남성의 불륜 대상은 여성임에도 불구하고 여성이 같은 행동을 하면 비난받는다. 생물학적 관점에서 남성은 자손 번식의 생리적 본능 때문에 다수의 여성을 원한다. 여성은 안정과 정착을 위하고 자신의 자녀들을 보호하기 위해서라도 아비가 필요해 불륜을 눈감아 주는 것이 이득이라고 주장하는 이들도 있다. 하지만 인간이 본능대로만 살아간다면, 법과 도덕은 왜 존재하는가.

철학자 칸트는 인간이 본능을 넘어 도덕법칙에 따라 행동할 수 있다고 말했다. 인간은 본능을 따를 수도 있지만, 그것을 초월할 수도 있다는 것이다.

가정의 평화를 위해 바람을 피운다는 말도 있다. '집밥만 먹으면 질리기에 외식을 한다. 외식하다 보면 집밥이 속을 편하게 해주는 좋은 음식이란 것을 깨닫는다'는 식이다. 가끔 새로운 자극을 원한다는 풀이다. 반면 여자는 여러 남자의 장점만 모은 한 명의 완전체를 원한다고 한다. 그래서 어자들이 비빔밥을 좋아하는 것일까. 하지만 사랑을 음식에 빗대는 것이 적절한가. 만약 한 사람이 여러 사람을 만나고, 그 관계를 소모하듯 소비하는 것이 자연스럽다면, 우리는 과연 무엇을 사랑이라고 부를 수 있는가. 사랑은 단순한 욕망 충족이 아니라 관계의 지속성과 신뢰를 기반으로 한다.

몇 년 전 충청도지사의 성폭력 사건이 터졌을 때, 모든 언론과 대중이 그를 맹비난했다. 남성 패널들도 예외 없이 맹렬히 비판했다. 그러나 그들 중 누구도 자신의 삶을 돌아보지는 않았다. 과연 그들은 회식 자리를 전혀 갖지 않았는지, 회식과 술자리에서 접대부를 곁에 앉힌 적은 없었던 것처럼. "누구든지 죄 없는 자가 먼저 돌을 던져라."라는 성경의 구절을 그들은 잊고 있는 것 같았다. 인간은 타인의 죄에는 엄격하지만, 자신의 문제에는 관대하다. 도덕적 우월감 속에서 남을 비난하는 것이 과연 정당한가.

이혼 전문 변호사가 나오는 프로그램에서 한 패널이 "우리 남편은 그럴 줄도 몰라요."라고 하자마자 마치 말을 빼앗기라도 하듯 낚아채며 말문을 막고 "아직 모르고 있어서 그런 겁니다. 세상 모든 남자는 바람을 피웁니다. 주변 사람이 다 알고 있어도 부인만 모르고 있는 것이 남편의 바람입니다."라고 당연한 것처럼 단호하게 말했다.

남자란 무엇인가. 인간관계란 무엇인가. 남자는 모두 바람을 피우고 있으므로 세상에는 '들킨 남자'와 아직 '안 들킨 남자'만 존재한다는 것이다. 일명 킨 남, 안 킨 남이다. 과연 남자만 그러한가. 모든 남녀 관계가 그러하다.

아직도 우리는 영원한 사랑을 꿈꾼다. 배신과 상처 속에서도, 끝까지 함께할 사람을 찾고 싶은 소망은 버리지 않았다. 사랑이 가능하다는 믿음이 없다면, 우리는 무엇을 위해 관계를 맺고 살아가는가. 세대가 변하고, 환경이 바뀌어도 사랑과 신뢰에 대한 희망이 사라져서는 안 된다. 사랑이란, 결국 신뢰와 책임을 감당할 상대를 찾는 것이 아닐까. 우리는 여전히 그 진실을 찾아 헤매고 있다.

혹시 우리가 사랑을 너무 어렵게 정의하고 있는 건 아닐까. 우리는 사랑을 거대한 책임과 신뢰의 무게로 바라보고 있다. 사실, 사랑은 순간의 따뜻한 눈빛, 슬며시 내미는 손길, 작은 배려, 함께 웃는 몸말 속에 있는 것이다. 사랑한다는 거창한 선언보다, 일상 속에서 상대를 위해 조금 더 노력하는 것일지도 모른다. 결국, 사랑은 거대한 철학적 개념이 아니라, 매일매일 피어나는 작은 일상적 따뜻한 기록이다. 그 일상이 인류를 대대손손 이어가는 원동력이 되기 때문이다.

# 그녀의 비누 향기 ✿ 그녀에게서 비누 향기

가 났다. 낯선 객지에서 첫 학기를 시작할 때였다. 봄바람이 살랑살랑 내 귓불을 간지럽혔지만, 주변은 낯설기만 했다. 우왕좌왕하는 나의 촌스러운 동선을 처음으로 학과사무실로 인도해 준 그녀였다. 숨을 크게 내쉬었다. 새 학기를 시작하는 초조함과 긴장감으로 교정의 벚꽃 향연을 올려다볼 겨를도 없었다. 하지만 그녀에게서 풍겨 나오는 비누 향기는 내 맘을 조금이나마 안심시켜 주었다.

그녀는 대구 말투를 감추는 듯한 어설픈 서울 말씨를 썼다. 세련된 패션 감각으로 깔끔한 체도 하였다. 그날 이후로 가까워진 우리는 점심을 먹고 나면 잉어가 유영하는 아담한 연못가 벤치에 앉아서 얘기를 나누곤 했다. 막연한 미래에 대해, 진로에 대해, 그리고 미래의 배우자와 인연을 얘기할 때 캠퍼스에는 노래가 나지막이 울려 퍼졌다. 허한 내 마음이 그 노래로 다림질되어 가는 느낌이었다. 그때였다. 가까이에 앉은 그녀 목덜미 뒤에서 아기 분 냄새 같은 비누 향기가 났다.

사람들은 향수 냄새보다 비누 향기에 더 끌린다. 비누는 깨끗함과 상쾌함을 연상시켜 진하지 않은 향기를 담고 있는 탓인가. 어쩌면 청춘의 대표적인 향기이기 때문일 것이다. 아카시아처럼 달콤해 꼭 안아 주고 싶은 묘한 흡입력이 있다. 기억은 그렇게 냄새에서 시작되었다. 어둠과 맞닿은 초가을 나뭇가지에는 온통 외로움이 매달려 있을 때 무릎을 세우고 손가락을 깍지 껴서 먼 하늘을 바라보면 저절로 그리움에 물들고 있다. 잊고 있었던 그녀와의 기억의 끝자락을 소환한다.

P 의대생에게서 연애편지를 받은 내게 '시골 의대생'이라며 은근히 업신여기듯 핀잔을 주었다. 못해도 'SKY' 대학쯤은 돼야 한다고 했다. 그 말 탓이 아니어도 그녀는 대단한 집안의 멋지고 좋은 학벌의 남자와 맺어질 것으로 믿어 의심치 않았다. 멋지고 잘될 것만 같았지만 현실은 그렇지 않았다. 대학원을 졸업하기 전에 나는 대학 강의를 맡았고 3학기째부터는 부산과 서울을 오가며 졸업 논문 지도를 받아야 했다. 내가 먼저 결혼도 했다. 그녀가 강조하던 S대 남자였다.

내가 미국에 있을 때 일본 유학을 갔던 그녀에게서 결혼 소식이 들려왔다. 2년쯤 지나서 어학 연수차 그녀 남편과 미국에 왔을 때 그녀 남편은 금귀고리와 금목걸이를 하고 찢어진 청바지를 입고 있었다. 그때 그녀는 남편이 자신에게 굽실거리는 행위를 사랑이라고 철저히 믿고 으스댔다.

몇 년 후 나는 한국에 귀국하여 유난히 지독하고 시집살이와 불리한 여건 속에서 살고 있다고 느껴졌다. 외조 없이 자신의 길만 묵묵히 가는 남편과 직장과 독박 육아에 도우미 없이 살림을 직접 맡도록 조장하는 시댁 때문에 내 처지를 가끔 비관하기 시작했다. 내 남편과 그녀 남편을 비교하면서 '무엇이 더 나은 삶'인지 혼란스럽기까지 했다. 밤늦은 시간에 차를 타고 해안도로를 달리면서 심적 방황도 했다.

　10여 년이 지나 학회 참석차 교토에 간 김에 그녀 집을 방문하게 되었다. 잠자리를 마련해 준 그녀의 방에는 새하얀 아사 이불과 베개, 새하얀 아사 커튼과 레이스 쿠션이 눈부신 아침 햇살을 가득 머금은 채 눈에 쏙 들어왔다. 흰 이불에 티라도 묻을까 조심스러웠다. 하얀 색조가 부풀어 오르는 비눗방울을 연상시켜 겨우 잠들 수 있었다. 여전히 음식 솜씨는 없지만 잘하려고 애쓰지도 않는 그녀와 남편을 머슴처럼 부리는 아내를 받들면서 사는 그녀 남편을 보고 돌아왔다. 사람을 긴장하게 만드는 그녀였지만 두 아이의 엄마가 되면서 조금씩 편해져 가는 인상도 조금씩 받긴 했다. 나는 여전히 가족에게 충실해야 한다는 신념을 갖고 한국으로 돌아왔다. 그동안 가끔 그녀와는 이메일을 통해 소식을 주고받았다. 일본에서 그녀는 남편의 재력 덕을 보며 패션 일러스트 작가로 활동하고 있었다. 동경과 서울의 유명 화랑에서 작품전시회도 자주 열곤 하였다. 우연히 우리 학과 조교가 전해준 그녀의 작품 전시 포스터에는 아롱거리는 비눗방울처럼 상당히 몽환적인 그녀의 종이옷 작품이 하늘거리고 있었다.

　다시 미국에 가서 몇 년간 살고 있을 때였다. 자존심이 강한 그녀가 보내온 이메일에는 "남편이 나보다 훨씬 어린 여자와 바람이 났다."라고 적혀 있었다. 머슴처럼, 아내에게 해바라기처럼 하던 볼품없는 그 남자가 바람을 피울 거라곤 상상도 못 했기에 큰 충격에 휩싸였다. 특별히 강조했던 '나보다 어린 여자'라는 말이 머릿속에서 줄곧 맴돌았다. 그 어떤 여자도 어린 여자에게는 당해낼 재간이 없지 않은가. 엉성한 비누 거품이 사그라지면서 세면대 하수구로 빠져나가 버리듯 허황했다.

그때는 나도 갱년기였고 종교에 심취해 용서와 회개라는 주제의 묵상을 매일 하고 있을 때였다. 내가 죄를 용서받고 회개하는 것처럼 누군가를 용서하고 살아야 한다는 생각이 들었다. 마지막 순간까지도 배우자의 배신을 대비하고 살아야 하는 결혼이란 명제는 끊임없는 노력을 수반한다고 생각했다. 쉽진 않겠지만 돌아오게 되면 반겨 용서해 주라고 했다.

다시 10여 년이 지났다. 한 달가량 남편이 동경대학 초청 강연을 하러 머물고 있을 때였다. 그녀 부부가 교토에서 신칸센을 타고 달려왔다. 식사하고 헤어질 무렵 사진을 찍어 보니 내 곁에 낯선 그녀가 있었다. 자신감이 빠져나가고 윤기를 잃은 왜소한 중년 여자가 앙상하게 내 팔짱을 끼고 앉아있었다. 남편과 얘기할 기회를 얻기 위해 나를 핑계를 대고 같이 온 것이며 지금은 딴 집 살림을 차려놓고 공식적일 때만 같이 다니는 쇼윈도 부부로 산다고 했다. 바스락거리는 낙엽처럼 시들어 가는 그녀를 태운 교토행 기차를 비눗방울이 터져버릴 때까지 바라보듯 서서 지켜보았다.

우리들의 이십 대 청춘을 품어 낸 비누 향기. 그 어떤 불행도 침범할 수 없는 완전한 행복 향기라고 착각했던 그 시절이 비눗방울처럼 멀리 날아가 버렸다. 그녀에게서 가을 냄새가 났다. 조금은 쓸쓸한 초가을의 냄새. 좁디좁아진 그녀의 어깨 위로 유난히 진하고 어둡게 느껴지는 세월이 얹혀 있었다.

엉성하게 허물어져 가는 비누 거품 같은 그녀의 모습이 내 가슴을 파고들어 온다. 그녀의 외로움도 다른 어깨에 놓여 있었다. 멈추어 묻혀버린 그녀의 자존심. 청파언덕 교정에서 피우던 우리들의 비눗방울. 이젠 기억 속에서만 존재하는 청춘의 향기. 그 언덕에 다시 돌아가게 된다면 그때 우리가 남기고 온 수많은 이야기를 다시 찾을 수 있을까. 바람은 늘 그렇게 아스라한 그리움의 비누 향기를 데리고 간다.

우리는 모두 기차역에서 헤어지고 기차역으로 돌아온다. 기차역에서 쓰라린 기억, 서글픈 이방인 추억, 싸늘한 이별을 겪고 기차역에서 반가이 만나고 희망과 포옹을 한다.

　　　　　　　　　　　　　　　　－ '이별과 만나고 만남과 이별하다' 중에서

# 3부 다시, 찬란해 봄

# 용팔이 ✿ 

그러니까 사십 년쯤 된 것 같다. 사람의 마음속엔 오래전 잊힌 이름들이 살고 있다. 그 이름들은 때로는 따뜻한 미풍처럼, 때로는 서늘한 가을바람처럼 불현듯 우리의 기억을 타고 오른다. 나는 그 이름 중 하나를, 사십 년 만에 지하철 2호선에서 만났다. 그와 다시 재회하게 된 순간, 반가움의 감정인지 측은한 기분 탓인지 구분하기에는 모호하다. 가까이 와서 나를 부르는 목소리에 오랜 망각 속의 촉수가 깨어났다.

사람의 눈은 대개 옆으로 찢어진 눈과 둥근 눈으로 나뉜다. 영화 속 악역과 범죄자 역할은 흔히 길게 찢어진 눈을 가진 배우들에게 맡겨진다. 그러나 둥근 눈을 가진 이가 나쁜 짓을 저지를 때, 그 음흉함과 두려움은 소스라칠 만큼 소름 돋는다. 용팔이의 눈이 그랬다. 마치 백내장이 낀 듯 흐리멍덩하지만, 속에 숨겨진 강렬한 힘은 말 한마디 없이도 사람을 압도했다.

학창 시절, 아침미다 버스 차장은 가득하게 사람을 싣고 밀어붙이면서 "오라이"를 외쳐댔다. 신호에 맞춰 운전사는 오른쪽, 왼쪽으로 핸들을 돌려 급정거를 했다. 쌀되를 흔들어 맞추듯 버스 안 어느 구석이

든 사람으로 차곡차곡 채워 넣었다. 팔 힘이 강한 차장 아가씨의 억센 버팀이 운전사의 솜씨와 공조하여 만드는 매일 아침 풍경이었다.

여유 공간이 있는 대청동행 40번 버스나 10번 버스에는 종종 용팔이가 나타나 강매하듯 껌을 팔았다. 용팔이는 다리를 절며 지적장애인처럼 여학생들에게 다가왔다. 흐리멍덩한 그 눈빛에 마주쳐서 결박당한 것 같은 느낌을 받아본 여학생이라면 이상한 광채가 나는 용팔이의 눈과 마주치기를 두려워했다.

말은 호소하듯 애절했다. "언니야, 오빠야아. 껌 좀 사주세요오." 흐느끼듯 말하고선 눈빛을 쏘아 댔다. 이윽고 그는 자신의 손가락을 물어뜯으며 자해하기 시작했다. 그 순간 여자아이들은 자지러지게 비명을 지르고 울면서 치맛자락 주머니에서 돈을 꺼내 주었다. 백 원을 주고 껌은 도로 돌려주었다. 포장지가 누렇고 너덜거린 용팔이의 껌은 매번 그렇게 재활용되었다.

남포동 파출소를 지날 때였다. 파출소 담벼락에서 무릎 꿇은 껌팔이 소년 세 명을 발로 툭툭 차고 있는 용팔이를 보았다. 바지 주머니에 손을 찔러 넣은 채 고함을 지르면서 훈육하고 있었다. 마치 어느 조직의 중간 간부쯤 되어 보이는 튼튼한 다리와 단단한 어깨를 지닌 뒷모습이었다.

대학 여름방학 때였다. 40번 버스를 타고 갈 때 용팔이는 여전히 껌을 들고 버스에 올랐다. 지식인이 대필한 것 같은 정자체 글씨로 또박또박 적힌 사연의 글을 나눠 주었다. 운전석이 있는 앞자리로 가서 울먹이듯 말했다. "어머니는 저를 낳다가 병사하시고, 아버지는 직장에서 횡사하시고 형님은 길에서 객사하시고……." 세상 불행은 혼자 다 뒤집어쓴 듯한 사연은 그 시절 껌팔이들이라면 똑같이 했던 상투적인 말이었다. 그리고 껌을 내밀면서 돈을 받아 갔다. 중년의 아주머니 몇 분이 껌값을 주면서 껌은 놔두라며 알고도 속아준다는 표정으로 인심을 썼다.

버스는 지하철이 생긴 후에도 오랫동안 잡상인들의 판매 공간이 되어 주었다. 생활용품을 팔려는 잡상인들은 순진한 눈빛을 지닌 사람에게 특별히 행운을 주는 듯이 번호를 추첨하고선 덤에 덤을 얹어주면서 현혹했다.

한동안 버스와 지하철에는 잡상인 단속 방송이 종종 나왔고 곳곳에는 단속반들이 다니면서 엄하게 상행위를 막았다. 그즈음 생활용품이나 아이디어 상품들을 파는 천 냥 가게가 동네마다 들어섰다. 그 이후부터 용팔이 같은 구걸 잡상인이나 장애인들은 기억에서 차츰 잊혀갔다. 대중교통 안의 따뜻한 히터와 쾌적한 에어컨 바람은 겨울 칼바람과 무더운 여름 땡볕 아래 고통을 겪는 이들에 관한 관심도 멀어져 가게 했다.

며칠 전 안과에서 눈 수술 후 선글라스를 끼고 딸의 부축을 받으며 서면에서 2호선 지하철을 바꿔 탔을 때였다. 열차 연결 통로에서 한 남자가 승객들에게 종이를 건네며 "이모, 미안." "부자 사모님, 미안." 하면서 왼쪽 다리를 질질 끌며 걸어오고 있었다. "대빵 사모님, 미안." 하면서 내 앞에 종이를 내미는 그 순간, 무언가 내 기억을 '땅' 하고 때렸다. 용팔이, 바로 그 용팔이었다. 귀에 익은 목소리가 시간을 순식간에 옛날로 되돌려 놓았다. 잊힌 줄 알았던 그 목소리와 그 눈매가 기억난 이유는 도대체 뭘까.

바탕체로 프린트한 내용이 마치 유식한 작품처럼 적혀 있었다. 요즘 경제를 운운하면서 힘든 줄 알지만, 가장으로서 살아가기 힘드니 도와 달라는 내용이었다. 결혼해 자식도 있다는 말로 읽혔다. 재활용하던 껌은 들고 있지 않았다. 지갑에서 돈을 꺼내려는데 딸이 막는다. 눈빛에 협박당하지 않아도 자비를 베풀 여유가 있는 나이의 내가 이젠 되었다. 열차 안에는 돈을 꺼내 주는 사람은 아무도 없었다. 내가 지금 몇 푼의 돈을 쥐여주지 않으면 그가 아닌 내가 오늘 밤새 잠을 뒤척일 것 같았다.

지하철 문이 열리자 왼발을 절뚝거리며 용팔이는 내렸다. 그의 마지막 뒷모습을 지켜볼 생각으로 한동안 바라보고 있었다. 몇 걸음 걸어가던 용팔이는 갑자기 멀쩡한 걸음을 옮기더니, 맞은편 열차 문이 열리자 쏜살같이 타고 사라졌다. 마치 환상을 본 것처럼 얼어붙었다. 차라리 참 다행이라고 생각했다. 그에게도, 나에게도.

시간이 지나면서 우리 세대의 사람들이 꽃잎 떨어지듯이 차츰 사라지고 있다. 내가 용팔이에게 몇 푼의 돈을 주고 싶은 이유는 살아남은 사람에 대한 막연한 고마움과 위로를 전하고 싶었던 건 아니었을까.

문득 깨달았다. 우리가 붙잡으려 했던 것은 실체 없는 기억이었다는 것을. 용팔이는 여전히 잘 살아남아 있다. 그가 나에게 무엇을 의미하는지 중요하지 않다. 중요한 것은, 내가 그를 기억하고 있다는 사실이다. 아무도 그의 이름을 기억하지 못할 때, 비로소 완전히 사라지는

것이다. 바래져 가는 세월 속에서, 용팔이는 내 가슴 한구석 어딘가에
여전히 남아있었던 것을 발견했다. 그것만으로도, 그는 충분히 살아있
는 것이다.

# 화양연화 花樣年華 🌸

남자가 다 그런 거지. 너라고 별수 있겠어. 마음 주고 나면 나 몰라라 달아나 버리는 그런 바람이지. 남자도 별수 없고 여자도 다 그래. 쥐려고 하면 할수록, 가지려고 하면 할수록 손가락 사이로 빠져나가 버리는 모래알 같은 게 남녀의 사랑 아니겠어.

별 탈 없이 살아가던 여인이 젊은 트로트 가수에게 빠졌다. 매일 그의 노래를 듣고 가슴이 두근거리며 야한 꿈까지 꾼다며 사랑에 깊이 쏠렸다고 한다. 그 나이에 그런 마음이 든다는 게 신기할 정도라고. 늦바람이 무섭다면서 떳떳하게도 말하고 다닌다. 마음속 바람은 진짜 바람 아닌가. 중년 여인 가슴이 허한 까닭이다.

프랑스 영화 '사랑한다면 그들처럼'은 굉장한 충격을 주었다. 아내는 이발사였고 남편은 아내 곁에서 춤을 추었다. 둘은 욕심 없이 행복했고 충만하게 사랑했다. 한창 좋은 사랑의 때에 남편과 사랑의 행위를 하고 난 뒤 그녀는 곧바로 이발소 옆 폭포수에 뛰어내린다. 가장 행복한 순간만 살다 가고 싶다는 마음이었다.

느닷없이 노래를 불러달라고 요청받은 적이 있었다. 피아노가 항시 준비되어 있던 울림이 좋은 성지였다. 그렇다면 화음을 멋지게 넣어주는 그녀의 남편을 잠시 빌려주는 조건을 내밀었다. 그는 눈이 맑고 키가 훤칠한 미남이었다. 우리는 화음을 멋지게 맞춰 즉흥적으로 음악을 완성했다. 노래하는 동안 서로 미소를 교환했고 눈 맞춤 하면서 음악적 교감도 나눴다. 그 짧은 순간 속에서 주고받은 교감은 보쌈해 오고 싶을 만큼 깊은 눈 대화였다. 나는 알고 있다. 겉으로 보이는 미모가 얼마나 속절없는 것인지를. 상상도 결국엔 환상이란 초라한 물거품이란 것을. 꿈이라면 잠시 꾸고 깨어나는 게 최상이란 것. 알아야 한다. 눈에 보이는 것은 모두 환상일 뿐이다. 굴절 현상 때문이다.

'썸 탄다'는 말이 있다. 호감을 느끼고 다가가는 시기에 가슴은 뛰고 신바람이 구름 위를 오른 것같이 둥둥 떠다니는 기분에 빠진다. 쫀쫀하게 사랑의 비거리를 재는 시간 동안 즐거운 스트레스는 극점에 있다. 그렇게 행복한 긴장감이 있을까. 상대도 나와 같은 마음일지 궁금하고 끝내 그의 일상이 모두 알고 싶어진다. 세상 제일 큰 행운을 잡은 것 같고 오고 가는 말 한마디마다 웃게 되는 신비한 마력을 가졌다. 사람은 어떤 일이든 그것에 빨려들어 완성을 얻고 싶은 속성을 가진다.

화양연화란 일생에서 가장 행복하고 아름다운 순간이라는 의미다. '화양연화花樣年華'는 홍콩영화로서 배우자들의 불륜을 알아차리게 된 상간녀의 남편과 상간남의 아내 두 사람이 만나 서로를 위로해 주는 동안에 끌리게 된다. "그들이 어떻게 그렇게 됐는지 알고 싶었어요."

라고 했다. 누구에게나 배우자 간음을 알아차리게 되면 그들의 잘못을 마치 내 탓으로 간주하면서 그 시작점을 추리를 통해 퍼즐을 맞춰 보려 한다. 자연히 서로에게 이끌리게 된 그들은 절제를 통해 배우자들의 불륜과 차별을 두지만, 배우자의 불륜을 바라보는 시각에서 '자연히 이끌림을 어쩔 수 없었을 것'이라는 시각의 변화가 생긴다. 감정의 절제를 통하여 더 극화시킨다는 점에서 사람들은 두 사람의 사랑을 애틋하게 느낀다. 지나간 날들을 먼지 낀 창가 너머에 보이는 흐릿한 풍경 같은 기억으로 남겨두려고 한다. 그리울 때면 그리운 대로 내버려두듯이 기억이 떠오르면 애써 고개를 저어 잊으려 하지 않는다. 감추고 싶은 비밀은 산속 나무를 찾아서 나무의 구멍에 대고 속삭이고 난 후 진흙으로 봉했다는 풍속이 생겨났다. 그래서 캄보디아 앙코르와트 사원 구멍에 못다 한 말과 사랑을 봉인하는 마지막 그 모습은 애틋한 여운을 남겼다.

감독은 초기에 상간녀 남편이 복수심에서 여주인공에게 접근하고 베드신을 한 것으로 찍었다. 그러나 영화 속 극적 절제미를 표현하기 위해 삭제했다. 만일 그 베드신이 있었다면 영화가 주는 잔상은 어찌 되었을까. 그 장면을 보게 된다면, 관객의 짠한 마음은 얼마나 옅어질까. 아니면 더 짙어질까. 사랑의 완성은 육체적 결합으로 보완된다고 생각할 것인가. 서로 마음이 통했다면 그것이 사랑의 완성이다. 결혼해서 잘 먹고 잘 살아야 이루어진 사랑이라 할 것인가. 사랑하는 사람들은 미래를 불안감으로 머뭇거리게 된다. 과거의 행복했던 순간은 오늘을 살아가는 중요한 가치 판단 기준으로 작동한다. 사람이 동물과 다른 점은 끌리는 대로, 느껴지는 대로 행동하지만은 않는 이성이 있다.

청학동 어느 집에 강아지 한 쌍이 있었다. 먼저 들어온 수컷은 꾀죄죄한 떠돌이 암컷을 천대했다. 어쩌다 보니 천대하던 암컷이 임신하고 새끼를 낳자 암컷에게 밥을 양보했고 다 먹고 난 후 수컷이 먹기 시작했다. 자기 새끼를 낳아 준 암컷에 대한 경의라고 짐작한다. 하찮은 동물도 의리를 지키는데 사람은 더 나아야 하지 않겠는가. 설령, 다른 이성이 마음을 차지하려 하더라도 그에게 자리를 주지 않으려는 인내와 절제가 필요하다. 처음 약속했던 의리를 지켜야 함이 사람 도리다. 화양연화를 지속시키기 위해서도 필요한 절제다.

꽃밭 나비와 벌이 꿀을 빨고 꽃가루를 부지런히 나른다. 벌 나비가 지나가면 꽃가루받이가 이루어지고 꽃은 진다. 꽃이 지듯 사랑이 영원하지 않다는 것은 진리다. 만남은 반드시 헤어짐을 갖고 이별이 없어지려면 만남조차도 없어야 함이 정답이다. 그런데도 헤어짐 없는 만남에 사람들은 안달한다.

단 한 번이라도 헤어져 본 사람이라면, 아무리 좋은 인연일지라도 언젠가는 휑한 벌판 위 휘몰아치는, 척박한 황무지에 홀로 남겨져 쓰라린 바람을 견뎌내야 한다는 것을 알 것이다. 화려한 꽃도 가루받이 하면서 시든다. 진정한 화양연화는 썸을 타기 시작하여 수분 바로 직전까지다. 모든 절정 뒤에는 내리막 비애가 기다리고 있는 법이니까. 화양연화는 지금 이 순간이다. 불행을 긍정으로, 슬픔을 환희로 보는 발상의 전환점. 늘 언제나 바로 지금이 당신의 화양연화다.

# 인디언 섬머Indian Summer  어쩌다

한 번씩 대통령 꿈을 꾼다. 해몽가들은 대통령 꿈은 큰돈 들어올 꿈이라고 한다. 수년 전에 대통령 꿈을 꾸고는 무심결에 말했다가 돈이 필요한 지인에게 만 원 받고 꿈을 팔았다. 결국, 복권이 3등으로 당첨된 적이 있다.

요즘에도 복권이 당첨된다는 꿈을 꾸곤 한다. 며칠 전에는 영화배우 장동건이 꿈에 나왔다. 장동건을 좋아하지는 않는다. 미국에서 몇 년을 사는 동안 장동건같이 생긴 멕시칸을 흔하게 보아 왔기 때문이다. 그들은 주로 불법체류자 신분으로 살아가며 낮은 임금과 불평등한 대우를 견뎌낸다. 하지만 아무리 둘러봐도 한국 배우 중에 장동건만 한 미남은 없는 듯하다. 기억은 잘 안 나지만 꿈의 내용은 꽤 애틋했다. 딸이 부르는 소리에 놀라 깨어 버려서 좀 아쉬웠지만, 꿈이었어도 남편에게 좀 미안했지만, 사실 이 나이에도 그런 꿈을 꿀 수 있다는 것이 좋긴 했다.

인디언 섬머Indian Summer. 가을이 오는 길목에서 가을의 늦더위와 인생을 빗대기도 하는 인디언 섬머. 가을이 오는가 싶었는데 다시 늦더위가 기승을 부렸다. 가을 축제 한마당 큰 행사가 있는 날이어서 축제장에 갔다. 음악과 무용공연도 보고 음식도 사 먹었는데 가스버너를 사용하는 곳에다 많은 인파로 그 열기에 쪄서 질식할 것 같았다. 되씹는 더위는 몇 배나 더 체감할 만큼 열기가 버겁다. 가는 여름을 아쉬워하는 마음 때문이어서일까. 아니면, 우리가 다시 적응하기 어려워서일까. 전자는 2인칭 시점이고 후자는 1인칭 시점인데 둘 다 왠지 슬픈 아쉬움의 노래 같게만 들린다.

어느 작가는 '만추'라는 이름으로 중년의 정열을 표현했다. 영화는 쓸쓸한 늦가을의 순수한 영상미학으로 절박한 남녀의 애정을 묘사했다. 뜨거운 여름 햇빛을 전쟁처럼 겪어내고 견뎌 내면서 치열한 전쟁 후 패잔병들과 널브러진 잔해 같은 낙엽들을 바라보는 허전한 가을을 만추라는 낱말 속에 함축시키려고 애를 썼던 것 같다.

아주 오래전 드라마 '불꽃'에서도 중년의 사랑을 다룬 적이 있다. 중년의 사랑을 다루는 드라마는 왜 불륜이어야 하는가에 대한 의문과 불만은 있지만, 불꽃같이 타오르려면 남의 집 새사람이어야 하는가 보다. 금지된 사랑의 불은 더욱 잘 붙는 모양이다. 남자 주인공과 여주인공은 놀이동산에서 만났다 하여 한동안 '놀이동산에 가자'라는 유행어도 생겨났다. 남자 주인공의 파란색 와이셔츠가 멋있다 하여 대한민국의 남자들이 온통 파란색 외이셔츠의 물결을 이룬 적도 있다. 우리나라가 언제부터 불륜에 대하여 그다지도 관대해졌는가. 불륜이나 섹스에 연관된 드라마나 행위를 적나라하게 표현하거나 허용하는 것이 선진국으로 가까워져 가는 것인 줄 생각하는 것인지 알 수가 없을 정도다.

가을은 오색찬란한 단풍의 화려함보다도 내면의 절실함이 익어가는 계절, 자신의 모습을 거울에 비춰보고 마음을 들여다보는 성찰의 시간이다. 누군가를 떠나보내고 누군가는 품어 줘야 할 것 같은 순간이다. 화려함 뒤에는 언제나 허전함이 있고 환희 뒤에는 눈물이 있다. 성장과 성공 뒤에 오는 추락의 아픔도 있다. 풍성했던 들판은 어느새 비어져 공허하고 화려한 잎을 자랑하던 나무들은 옷을 벗어버렸다. 충만 속에서 느낄 수 없던, 빈 것의 정갈함, 허허로움 속에 뻗은 새로움의 세계가 보인다.

끓어오르던 열정을 식히고 포용과 달관의 눈으로 텅 빈 대지의 마음을 들여다보게 하는 가을 무렵, 어느새 노을이 지고 땅거미가 드리울 때처럼 돌아갈 곳, 영혼의 고향을 떠올린다. 사정없이 모든 것을 떨구는 가을이 가혹한 계절이라면 사물의 앞모습보다는 뒷모습을 더 많이 생각하게 하는 침묵의 달이어야 한다. 고독과 고통의 표정에 관심을 더 많이 가져 주는 포용의 시간이다. 풍요로움의 기쁨보다는 버림의 의미도 깨닫게 되는 관용의 때이기도 하다. 푸르름과 최고조의 절정에 날아올라 환희를 맛보았던 만큼 부드러운 착륙도 염려해 두어야 하는 겸허의 시점이다.

사랑이 내게 머무르고 있었을 때, 사랑을 미처 알아보지 못한다. 사랑이 떠나고 난 뒤 참사랑을 본다. 미련한 사랑의 빈자리에는 메아리만 남아 이 산 저 산을 옮겨 다니고 허공을 진동 치며 돌아다닌다. 수 많은 거짓 사랑이 가면을 쓰고 다가와 손을 내민다. 그럴듯한 언어로 호기심을 자극하기도 하고 그 흔한 유희로 밤을 보내고 싶어 유혹한 다. 그럴수록 떠나간 옛사랑이 아쉬운 법이다.

　가버리고 말면 그뿐. 다시 볼 수 없을 듯한 애잔함을 느끼게 되는 것은 무엇 때문일까. 인생의 궤적을 뒤돌아보게 하고, 자신이 걸어온 삶의 길 위에 떨어진 낙엽을 밟으며 떠나가고 싶은 성찰의 달. 소유하고 있는 모든 것들과 결별하고 영원의 오솔길로 산책할 준비를 해야 할 것 같은 순종의 시간. 떠나간 사람에게 미련을 두고 사는 건 서로에게 상처이듯 지나간 시간에 집착은 거두는 법이다.

　가는 인생의 마지막 느린 불꽃. 그런데도 늦깎이 인생의 로맨스를 인디언 섬머로 비유하는 것이 슬프고 허망하게 느껴진다. 나와 절대 무관하지 않다고 느끼기 때문일 것이다. 초가을의 뒤늦게 불타오르는 사랑, 인디언 섬머. 염치 불고하고 다시 한번 나에게도 사랑이라는 달콤하고 쌉싸름한 이름의 열정이 지구 어느 메에서 다시 타오를 수 있을까. 그럴 수 있다면. 거룩한 인류애를 향한 위대한 것까지는 아니라고 하더라도.

# 다시, 찬란해 봄 🌸

아차차차. 아쉽게도 놓쳤다. 하늘하늘 떨어져 날리는 꽃잎을 잡으면 사랑이 이루어진다고 한다. 애들 장난 같아 믿지 않았지만 낱낱이 풀어져 곡예 하듯 눈앞에서 나풀나풀 희롱하는데 나도 모르게 폴짝 뛰었다. 두 손바닥이 저절로 마주치며 잡으려고 했지만 놓쳐 버렸다. 잡을 수 있었는데 아쉽다. 지는 벚꽃의 마력이다.

2월, 아주 가녀린 벚나무 새 가지에서 어린 촉이 솟아나려 할 때, 하늘을 바라보았던 사람은 느꼈을 것이다. 연보랏빛 하늘이 열리면서 이른 봄이 시작되고 있다는 것을. 가느다란 가지가 기지개할 때 잔가지가 벌려 놓은 하늘은 온통 연보라색 수채화 물감을 문질러 놓은 느낌이란 걸. 그 연보라는 아무도 봐주지 않는 틈을 타 앳된 꽃봉오리로 태어난다. 점점 빛깔이 차오르다 고운 햇살을 한껏 받아놓고 환히 몸을 벌린다. 서서히 치밀하고도 비밀스러운 꽃봉오리를 키우고 영글어 꽃잎을 쟁반처럼 벌려 놓았다. '봄'이다.

매화가 필 때부터 벚꽃 지는 계절까지 사람들이 발 디딜 틈 없이 꽃을 보러 모여든다. 평소에 쳐다보지 않았던 하늘을 올려다보고 있다.

고개를 들어 사진을 찍어 대며 관심 두지 않았던 지난날을 보상이라도 하듯 셔터를 열심히 눌러 댄다. 하나같이 화사한 미소를 머금은 닮은꼴이다. 사진사가 '김치'라며 미소를 요청하지 않아도 얼굴은 이미 웃음기 가득하다. 사진을 확인하면 더욱 흡족한 표정을 짓는다. 바람이 지나갔을까. 화답이라도 하는 것처럼 잘게 찢은 엷은 흰색 한지 같은 꽃잎이 우르르 쏟아진다. '다시 바라봄'이다.

해마다 피고 지는 벚꽃이다. 똑같은 장소에서 똑같은 모양으로 똑같은 계절에 피어나건만 매번 열광하고 웃으며 찾아다니는 이유는 무엇일까 생각해 본다. 마치 생전 처음 쳐다보는 꽃인 양. 처음처럼 '맞이해 봄'이다.

나무의 촉처럼 새로 눈을 뜨는 마음에서 오는 반김이 아닐까. 우리는 모두 긴 회색빛 겨울 속에서 어떤 새로움에 목말라 있다. 나무는 칼날 같은 겨울바람을 피하지 않고 묵묵히 견디며 봄을 준비한다. 녹음이 사라졌던 때부터 앙상한 나뭇가지에 싹이 돋기를 기다리는 설렘을 어렴풋이 기억하고 있는 탓일 게다. 봄을 반기는 건 긴 겨울이 있어서다. 항상 꽃이 만발한다면 봄꽃을 특별히 반길 이유가 있을까. 새로 '눈떠 봄'이다.

아침에 창문을 여는 순간 완연한 봄이 시나브로 다가왔음을 실감한다. 방 안으로 스며드는 아침 햇살 기운이 겨우내 굳은 상처를 어루만지며 아팠던 마음을 위로해 준다. 봄 기상을 제일 먼저 알려 주는 것이 아주 작고 가녀린 풀잎의 용기다. 매서운 추위를 견뎌낸 기다림과 사무치게 간직한 그리움을 알고 '마주해 봄'이다.

인생의 겨울도 마찬가지다. 나는 상실의 겨울 한가운데에 있었다. 결코, 빛이 찾아들지 않는 지하 단칸방처럼 암담했다. 막차를 놓쳐버린 정류소에서 겪는 깊은 겨울 같은 냉기를 겪고 있어도 그들은 사무적이었다. 아무리 깊은 시름에 빠져있어도 세상 시계는 돌아가고 있었다. 영안실 옆방에선 배고픔을 느끼는 문상객이 있었다. 아직 아픔에서 헤매고 있는데 사용하던 그의 연구실 방을 빼달라는 요청이 왔다. 이해는 되지만 서러움이 밀려왔다.

진행 중이던 거액의 과제가 멈춰버렸지만, 나머지 금액을 누군가는 가로채 입을 싹 닦고 모른 체했다. 이해타산 앞에 덕을 보는 그의 후배 동료들은 계산기처럼 냉정했다. 먹잇감을 낚아채는 맹수처럼 재빨랐다. 이득 앞에서 배신이라는 단어는 그리 멀리 있는 용어가 아니었다. 죽음이라는 경우의 수는 누구에게나 한 번이지만 사람들은 마치 특별한 사람에게만 주어지는 사건으로 치부했다. 그가 떠나간 것이 내 탓이 아님에도 자꾸만 내 부족함으로 생각되었다. 자존감이 바닥을 쳤다. 내 마음을 '다시 돌아봄'이다.

상처가 아물어 일상으로 돌아오려 할 때도 마찬가지다. 저마다 삶의 무게에 힘겨워 그 누구도 남이 겪는 진통을 눈여겨봐 주지 않는다. 가끔 건성으로 안부를 가볍게 툭 던질 뿐이다. 그사이 밑바닥으로 쓰러졌던 자생력이 관절을 조금씩 끼워 맞추고 마음을 일으킬 준비를 하고 있었다. 다시 '일어나 봄'이다.

고통을 모르는 사람보다 더 불행한 사람은 없다. 가치 없는 고난

이 없고 의미 없는 통증은 없다. 시련 없는 인생은 설익은 과일과 같고 발효되지 못한 술과 같다. 작고 가녀린 튤립조차도 추운 겨울을 겪지 않고선 꽃을 맺지 못한다. 고난은 성공으로 인도하는 채찍이며 행복을 위한 전주곡이다. 아픔을 이겨 낸 사람은 시련 중인 다른 이에게 자신이 겪었던 고통을 떠올리며 다정한 손을 내밀어 도움의 방책을 줄 줄 아는 법이다. 어둡고 긴 겨울이 있었기에 봄꽃이 환영받는 것처럼 인생의 겨울도 치러볼 만한 가치가 있다. 다시 피는 봄꽃은 특별히 귀하고 곱게 보인다. 새로 '눈여겨봄'이다.

행복의 조건은 고통이 왔을 때 승화하는 것이다. 겨울과 대조되는 봄처럼 승화된 경험은 행복이란 덤도 주어진다. 새로운 기회가 있고 몰랐던 일상이 다시 보인다. 쥐고 있던 것을 놓치는 상실은 그 순간에는 아쉽긴 해도 다시 빈손에 새로운 것을 채울 기회가 있다. 뜻하지 않은 순간에 행운의 순간도 찾아든다. 새로 '시작해 봄'이다.

꽃 피는 봄이다. 본래 모습으로 다시 피어나는 꽃들을 바라보면 자연의 섭리 앞에 저절로 고개를 숙인다. 눈부신 봄 햇살과 지천에 널린 봄꽃들의 향연. 암울했던 겨울에서 빠져나와 봄꽃나무가 되어보는 상상을 해본다. 스스로 변화를 자각하고 자연의 질서에 순응하며 간절한 새 소망을 기대해 봄 직한 아침이다. 겨울을 겪은 우리는 모두 봄을 간절히 기다렸다. 다시 봄처럼 화사하게 살아보자.

다시 '찬란해 봄'이다.

# 단풍잎, 웨스트 라피엣의 표정

온통 붉은빛이다. 서로서로 자신을 드러내는 모습이 아우성치는 것 같다. 가슴마저 두런두런 뛰고 있다. 가슴이 뛰는 것이 봄의 향연보다 더한 것 같다. 인디애나의 가을은 도시 전체가 붉게 타오르는 불꽃을 연상하게 한다. 대표적인 관광 상품으로 알려져 있을 만큼 특별히 붉고 오래된 나무들의 풍성한 단풍잎으로 유명하다. 매년 초가을의 문턱에서부터 어김없이 가을 앓이를 시작했다. 작고 평화로운 마을 웨스트 라피엣에 오고 난 뒤 나의 가을 앓이를 잠시 접게 되었다.

가을이 오면 웨스트 라피엣에서는 어디를 가더라도 불꽃처럼 타오르는 짙은 단풍을 만날 수 있다. 단풍잎들이 마치 꽃과 같아서 그냥 올 수 없었다. 소담스러운 공원 한편에 붉게 쌓여 있는 단풍잎과 노란 은행잎을 수북이 주워 담아 왔다. 집에 갖고 온 단풍잎 뒷면에 양면테이프를 붙이고 하얀 벽과 천장에 조형적 배치를 하면서 리듬감 있게 장식했다. 방문객들은 모두 감탄을 연발했다. 퍼듀대학의 패밀리 하우징 102호에는 겨우내 단풍잎이 장식되어 있었다. 봄이 늦게 오는 웨스트 라피엣에 5월 꽃이 필 때까지 단풍잎들은 꽃 노릇을 톡톡히 했다.

허리까지 눈이 쌓일 만큼 겨울은 깊어져 갔다. 히터를 켜도 추운 실내는 두꺼운 옷을 입고 겨울을 나야 했다. 여전히 하얀 벽과 천장에 빨갛게 붙어있는 단풍잎을 쳐다보고 창밖의 눈을 바라보면서 눈이 녹는 봄을 기다리고 있었다.

어느 날, 단풍잎 사이로 꼬물거리는 것이 눈에 띄어 자세히 보니 애벌레였다. 그날 이후부터 천정에는 여기저기에서 애벌레가 발견되었다. 끔찍하게 많이 잡았다. 소름 끼치는 작업이었지만 엄마이기 때문에 용감해야만 했고 잔인해져야 했다. 애벌레가 왜 생겼는지 생각하다 얼마 전 가을 학기부터 위층에 이사 온 여학생이 떠올랐다. 왜소하게 생긴 노란 금발의 여자애가 혼자인 것 같은데 가족이 살아야 하는 패밀리 하우징에 이사 왔었다. 이사한 이후로 전혀 보이지 않고 인기척도 없었던 것이 이상하게 여겨지면서 그동안의 시간을 되돌려 보았다.

'이상하다' 했던 의심들이 '수상하다' 싶은 의혹으로 치밀어 오르기 시작했다. 그러고 보니 천장에는 뭔지 모르는 붉은색의 핏자국 같은 얼룩도 드문드문 있는 듯도 했다. '혹시 그 여학생 신변에 사고가 생긴 건 아닐까.' 의심의 파문은 걷잡을 수 없을 만큼 증폭되었다. 이사 오자마자 종적을 감췄고 이따금 수상한 중년 백인 남자가 올라가는 것을 보긴 했다. 그 이후로 금발의 여학생은 볼 수 없었다. 그 애벌레는 뭐지, 헉, 구더긴가, 혹시 사체 썩는 구더기가 아닐까. 온갖 의심과 불안감은 증폭되어 민감한 촉이 수사반장처럼 발동했다.

머릿속이 복잡했다. 아이들에게도 집 밖을 나갈 때는 주의를 시켜야겠다고 생각했다. 내 걱정하는 표정을 본 아이들이 눈치챌까 봐 신경이 쓰였다. 얼굴을 가리기 위해 옆 탁자에 있는 인디애나 관광 책자를 집어 들었다. 눈으로 대충 훑고 있었다. 멋진 공항 가는 길의 단풍 사진이 잔뜩 있었다. 참 황홀하게 아름다운 길이었다. 그 순간 내 눈에 확 들어오는 글이 있었다.

'인디애나주의 아름다운 단풍잎은 당신의 영혼조차도 풍성하게 해 줍니다. 단풍잎은 붉을수록 세균이 화학작용을 잘하여 더 붉고 짙게 빛깔을 만드는 것입니다. 그러나 아름다운 잎이라고 해서 집으로 가지고 가지는 마십시오. 만일, 예쁜 단풍잎을 집으로 가지고 가게 된다면 당신은 겨울 동안 애벌레를 자주 보게 될 것입니다.'

헉, 천장의 그 애벌레가 생긴 원인이 바로 이것이었다. 집에 돌아가자마자 아이들을 총동원해서 벽과 천장에 붙여 둔 단풍잎들을 모두 제거하기 시작했다. 붙일 때보다 떼어 내는 작업은 더 힘들고 귀찮은 일이었다. 그 충격적인 사건을 겪은 후로 단풍을 대하는 내 마음이 달라졌다.

귀국한 이후 해마다 가을이 오면 가을 앓이를 다시 시작했다. 슬프지도 서럽지도 억울하지도 않은데 그런데도 서글픔이 목구멍에 걸려 눈물이 울컥거렸다. 아무런 표정도 감정도 나오지 않은 채 눈물이 글썽거렸다. 예술 활동을 통해서 품어내 보기도 했다.

인생의 한풀이는 자기 삶에 대한 신성한 보복이라고 생각했다. 가슴 속에 켜켜이 쌓아두고 침묵해 두었던 오래된 한들이 모여 자신도 모르게 올라오는 묵은 냄새 같은 것이다. 하나씩 하나씩 들어내는 것이 가슴속의 무거움을 줄이는 방법인 것 같다. 나이가 들수록 우리의 삶은 소유가 가벼워져야 하는 것 같아 생각나는 대로 기억나는 대로 적어 내며 뿜어내 보기로 했다.

사실, 과학적으로 본다면 나무는 단풍잎을 통해서 자신의 필살기를 하고 있을 뿐이다. 깊고 힘든 겨울을 이겨내기 위해 잎을 떨어내고 잔가지들을 정리해 주는 작업을 할 뿐이다. 최소한의 간결한 몸이 되어야 겨울을 건너 이듬해 봄을 만날 수 있기 때문이다. 사람들은 나무가 지닌 슬픈 속내를 몰라주고 단풍잎, 그 아픔의 표정을 보면서 아름답다, 멋지다 하고 호들갑을 떠는지도 모른다.

우리 삶도 그렇다. 사람들은 눈웃음을 치며 잘 웃는 사람을 보면 좋아한다. 그 눈웃음 속에 숨어 있는 짙은 슬픔을 아무도 읽어내지 못한다. 아름답고 멋지고 훌륭해 보이는 사람들이 가진 삶들이 이뤄지기까지 남모르는 고뇌와 번민과 인내가 눈물겹게 서려 있다. 씩씩한 척하는 겉모습 속의 아픔도 모른 채 예단하고 판단하며 뒷말을 할 때도 수두룩하다. 이번 가을에는 속 깊은 아픔까지 읽어 줄 수 있는 깊은 마음의 눈을 가지면 좋겠다. 아픔을 극복한 상처를 손뼉을 쳐주며 격려해 줄 일이다. 잊지 말자.

늙는다는 참뜻은 인생의 단풍이 든다는 사실인 것을.

# 이별과 만나고 만남과 이별하다

❀ 떠나려 한다. 잠시 머물다 금방 떠난다. 등을 돌리려는 것도 아니고 아주 영 떠나보내는 것도 아닌데도 보내는 마음에는 항상 싸늘한 화학적 산성반응이 일어난다. 느낌이 '싸'하다. 길들여질 때도 되었건만 보낼 때마다 서운한 건 무엇 때문인지 모르겠다. 배웅한다거나 내가 떠나올 때마다 느끼는 익숙하고도 쓸쓸한 이 낯섦.

학창 시절, 방학 때면 집으로 찾아오고 개강할 때면 집을 떠나려고 찾던 부산역이었다. 석사과정 3학기 때부터는 논문 지도와 부산의 대학 강의를 하기 위해 서울과 부산을 격일로 고단하게 오르내리기도 했던 곳이다. 기차역을 빠져나갈 때부터 떠돌이 생활을 겪어내야 하는 처지에서였을까, 고향 집에서 떠나오지 못한 마음이 긴 끈에 매여 있는 강아지처럼 발버둥만 쳐댔던 모습이 아련하다.

역 대기실에서 떠나고 돌아오는 사람들을 바라보며 생각에 잠긴다. 이상하다. 머릿속 그림에는 마중 나오거나 전송하는 어머니가 전혀 없다. 항상 나 혼자다. 봄바람이 부는 플랫폼에도, 무거운 짐을 들고 기차에 올라타고 떠날 때도 혼자다. 뜨거운 태양의 열기가 짓누르는 세력에도 기죽지 않으려 버티며 부산역을 빠져나와 집으로 향할 때의 기억 속에도 나는 혼자다. 비정한 칼바람이 가슴을 스치고 매정한 타향의 등을 보고야 말았을 때도 혼자 상처를 핥으며 기차를 타고 떠났다. 역 개찰구를 빠져나가면서 역무원이 승차권에 구멍을 뚫을 때까지도 그랬다. 자존심에 목덜미를 빳빳하게 세우고 뒤돌아보지 않았던 뒤통수와 목 근육은 굳어진 채 부산역을 나왔다. '뿌우' 하는 기적 소리를 들으며 또다시 언제나 낯선 그곳으로 갔다. 정착도 없이 떠나고 돌아오는 부유만이 맴도는 곳.

그랬다. 언제나 혼자 해결했고 혼자 이겨 내려 했다. 정신적인 자립은 어머니 걱정을 덜어드리기 위해 사건을 해결한 후에 영웅담처럼 알려 드리는 버릇으로 자리 잡았다. 씩씩한 척했던 그 표정에 어머니는 안심하신 거였다. 대문에서 손 흔든 그 길로 혼자가 되는 이방인 생활. 스스로 마름질하면서 걱정시키지 않는 막내딸이 되어야 한다는 결의의 진짜 이유는 무엇이었을까.

부산역을 빠져나가면서 다시 혼자가 되는 과정은 마치 물컹한 태반을 빠져나와 몸을 스스로 핥아가며 세상에 적응해 가는 포유류의 적응기 같았다. 늘 비어있던 우체통에는, 자라지 못해 멈춰버린 어머니 꿈에 나를 접목한 집요하고도 간절한 기대를 각인시키려는 어머니의 편지가 종종 날아들었다. 그때마다 작고 텅 빈 나의 실체에 요구되는 거대한 꿈 소식이 나를 묵직하게 눌러 댔다. 예전이나 지금이나 그 느낌의 무게는 변함이 없다.

수상 결과를 받아 들고 무거운 작품을 갖고 내려올 때면 빨리 보여

드리고 싶어 기차 좌석에서 바닥에 발을 지그시 밟았던 기억도 떠오른다. 북적대는 부산역에 닿으면 조마조마하던 마음도 포근해졌다. 마음 졸이고 숨어있던 술래잡기가 끝나 안심하고 밖으로 나온 느낌이었다.

이제는 자가용에 짐을 싣고 기차역 좌석까지 함께 가 주는 완벽한 서비스를 받는 아이들이다. 그렇게 보내고 집에 돌아오고서야 일상으로 복귀할 수 있다. 그들은 아쉬운 표정도 없이 자기들의 서식지로 떠나고 각자의 안정된 일상으로 회귀하게 된다. 이젠 초고속 열차가 생겨 잠시 눈 붙이고 있으면 도착하는 신기한 세상이 되었다. 역까지 데려다주고 돌아와 얼마 지나지 않아 도착했다는 문자가 온다. 그들에게 내가 예전에 겪었던 그런 서글픔과 아쉬운 작별이란 가슴 한편에도 없다. 어리석게도 내 낡은 그림 속 '싸'한 감정을 지금 세대에 투영시킨 것이다. 나 혼자만의 감상일 뿐이었다.

새신랑을 따라 떠났다가 세련된 도시 부인처럼 돌아온 부산역이다. 예전처럼 이불 보따리나 무거운 짐을 들고 낑낑거리는 사람은 이제 보이지 않는다. 열차 탁송을 이용하고 바퀴 달린 여행용 가방을 밀면서 유유하게 느긋이 걸어간다. 총총걸음도 보기 힘들 정도다.

그래도 여전히 한결같이 변치 않은 모습의 풍경이 있다. 곧 떠날 기차 곁에 서서 바라보고 있는 사람들의 뒤통수에는 애절한 소망과 간절한 기도를 품은 표정이 읽힌다. 불안한 꿈을 갖고 낯선 곳에 첫발을 디딜 어린 청춘의 호기심 어린 야망도 보인다. 만남의 광장에 앉아 있는 그들에게도 기다림의 설렘과 콩닥거리는 두근거림이 도착을 알리는 전광판만 다그친다. 오르는 에스컬레이터를 타고 누군가를 찾고 있는 눈동자 속에서 인연의 시작을 본다. 어떤 이는 조용하게 그리운 이를 반기고 어떤 이는 광장이 떠나가도록 반가움에 펄쩍펄쩍 뛰는 고성으로 껴안는다.

그때는 누구나 그랬듯이, 오늘도 부산역 맞이방 북적거리는 인파 속에서 학창 시절을 떠올렸다. 차차 옅어지는 기적 소리와 함께 역을 오가며 설레었고 서글펐고 어리석었고 외로웠던 나를 미련 없이 기차 태워 보내주었다. 기차역에서 희망과 설렘이, 해운대나 명소들을 향한 생기발랄하게 들뜬 민소매와 짧은 반바지를 만난다. 가벼운 발걸음이 만드는 호기심 가득한 먼지조차도 새털처럼 나풀거리며 말춤을 춘다.

우리는 모두 기차역에서 헤어지고 기차역으로 돌아온다. 기차역에서 쓰라린 기억, 서글픈 이방인 추억, 싸늘한 이별을 겪고 기차역에서 반가이 만나고 희망과 포옹을 한다. 기차역에서 누군가를 기다리는 사람들 얼굴에서 설렘을 읽고 기다리던 이를 발견하고 손 흔드는 반가움을 느낀다. 저녁노을이 어스름 짙게 내려앉으면 비밀스러운 이별의 울렁대는 감성들이 표류한다. 기차역, 이별과 재회, 침묵과 수다, 슬픔과 기쁨, 미움과 사랑, 아픔과 평온, 단순과 복잡 등의 모든 심리 상태의 감정이 일궈낸 파동들이 발자국의 바람 따라 일렁대고 있다. 이곳은 애절한 소망과 간절한 기대를 지닌 뒤통수들의 기도가 하나로 공존하는 곳이다.

나는 왜 그를 만나주었을까. 그에게서 모과 발효액 같은 사람 냄
새 훈훈한 잔향을 맡았던 건 아니었을까. 가치를 알게 될 때까지
세월이 필요한 모과처럼.

- '못난 과일에 눈길 머물고' 중에서

# 4부 꽃미남 다방

# 노력의 시대 🌸 올해는 싱싱하게 뻗어 나왔다.

여고 때 음악 시간에 배웠던 노래가 흥얼거려진다. 왜 하필 가시밭에 피었을까. 어머니는 성모마리아가 좋아하는 꽃은 장미지만 상징은 백합이라며 천주교인의 순결을 강조했다. 성에 무심했던 시절이라 '순결'이 무엇을 의미하는지 관심 두지도 않았다.

결혼 초기, 곤하게 자다가 깨서 낯선 천장 벽지를 보고 아버지께 야단맞을 생각에 혼비백산했다. 놀란 나머지 후다닥 옷을 주워 입고 집에 가려고 했던 사건이 있었다. 그 후로 무엇을 그토록 조심하고 얌전하게 행동해야 하고 항상 주춤거리도록 제약당하면서 자랐는지에 대해 생각해 보는 계기가 되었다.

대학 시절 동아리에서 남학생들이 여학생들을 시험해 보려고 혼전 순결에 대해 짓궂은 질문을 하곤 했다. 그 대답 여하에 따라 순진한 여학생들이 오해를 당하기도 했다. 왜 여자들에게만 그런 것이 강요되어야 하는지 씁쓸했다. 지금 같으면 성희롱 문제로 걸릴 수도 있었을 것이다.

여자들을 얽매는 순결. 그 단어 때문에 여자들은 자랄 때 마음껏 기개를 펼치지 못했다. 왠지 큰일 날 것만 같았던 늦은 시간 어두운 골목길을 두려워했다. 동네 어귀까지 따라오는 남학생을 사정사정해서 돌려보내야 했던 것은 아버지나 오빠로부터 헤픈 아이라는 꾸지람을 피할 수 있는 최고의 방법이었다. 옛날 처녀들이 지녔던 은장도는 위협하는 상대가 대상이 아니고 자신을 찌르기 위함이었다. 과연 순결이 목숨보다 더 지켜야 할 소중한 가치였을까.

　부모님이 결혼할 당시 어머니는 아버지가 남자들에게 극히 드문 숫총각이었음을 평생 자랑거리로 삼았다. 일주일이 지나도록 손도 잡지 않았고 가까이 오기만 해도 덜덜 떨 만큼 순수했다고 하면서 희색이 만연했다. 일본에서 공부하고 자란 세련된 태도의 잘생긴 아버지가 그랬다는 것은 특별히 강조할 만하다고 생각했다. 그렇다고 해서 그런 아버지가 평생을 어머니에게만 순결하게 산 것만은 아니었다.
　사람들이 처음이라고 하는 것에만 고집한다면 세계사가 아마도 많이 달라졌을 것이다. 콜럼버스가 신대륙을 처음 발견했다고 했지만 이미 그곳에는 원주민들이 살고 있었다. 처음 발견했다는 그 사실이 환상일 수도 있다는 것이다. 세상의 역사가 그로 인해 달라져 버렸다. 성경에서 보면 다른 신을 가진 자를 창녀로 비유하면서 순결의 의미를 달리 해석하고 있다. 끝까지 신의를 지키는 것이 순결이라는 의미이다.
　요즘은 백합의 색상도 다양해져 흰색이 다른 색에 비해 눈에 띄지도 않고 그 상징성도 많이 약해졌다. 젊은이들 사이에서 단 한 번도 애인을 가져보지 못한 사람을 칭하는 '모태 솔로'라는 신조어가 '고결하다'라는 인식보다는 조금은 부족하다는 의미에 더 가깝게 쓰이고 있다. 사귀는 동안 여러 성적인 접촉은 당연히 존재했으리라 가늠한다. 그만큼 여자에 대한 성적 순결의 잣대가 훨씬 가벼워진 점은 사실이다. 그러나 아직도 혼전 아이를 가졌다면 혹은 초혼의 남자와 재혼의 아이 딸린 여자의 결혼에 대해서는 시선이 가볍지만은 않다. 예전에 가장 치욕적인 말은 남자의 재혼은 '처녀가 새장가 갈 수 있다'였다. 아이를 낳았다는 사실이 같이 만든 남자에게는 가볍고 여자에게는 멍에가 되어야 하는가.

백합꽃은 꽃이 질 때는 처절하다. 화무십일홍이라고는 한다지만 여느 꽃들이 꽃송이 채 털썩 떨어지는 반면 백합이 질 때는 그 꽃이 누렇게 갈변하고 갈기갈기 찢겨서 처참하게 떨어진다. 백합의 흰색이 좋다고 한 사람들도 그 누렇게 찢긴 잔해들을 본다면 차마 입을 다물지 못할 것이다.

우리는 백합 색깔 말고 그 향기에 집중해 보자. 길 가다 우연히 들른 성당, 성전 안에서 진하고도 그윽한 백합 향기에 취해 깊은 평화로움에 젖어 볼 때가 있다. 향기는 바깥으로 나와서도 한참 동안 환후처럼 코언저리에 머물고 있다. 백합이 순결을 의미하는 흰색을 초심初心이라 한다면, 향기는 항심恒心일 것이다.

사랑의 시작은 강렬하고 깊고도 진하다. 두근거림이나 설렘을 지속시키는 것은 노력이다. 사랑의 시작이 우연히 찾아왔다면 유지하는 것은 노력이 없고선 지속할 수 없는 법이다. 신은 우리에게 그저 주어지는 것은 금방 싫증 나게 만들어 놓았다. 여자에게 산통이 없었다면 모성애가 생겨났겠는가. 이혼한 부부 중에서, 결혼할 때 성혼서약 중 '검은 머리가 백발이 되도록'이라는 말로 맹세하지 않았던 부부가 어디 있던가. 결혼한다는 것은 나의 배우자를 위하여 세상의 다른 이성을 육체적, 정신적, 영생적으로 끊어 버리고 순결을 지키는 것을 의미한다. 이때 순결은 초심이 아니라 항심을 의미한다.

변치 않고 살아간다는 것. 그것은 배우자에게 '처음과 같이 영원히' 대하는 마음이다. 처음 느낌을 지키도록 되새김질해서 고쳐 써야 할 것이다. 아침에 집을 나서는 사람에게는 다시 못 볼 연인처럼 아쉬운 척하는 작별을 나눠보자. 사랑이 허락되지 않은 불륜 남녀처럼 "보고 싶으면 또 오세요."라고 덧붙이면서. 귀가하는 초인종 소리가 들리면 고단할지라도 얼른 달려가서 격하게 반기는 환영 인사를 해보자. 기왕이면 퇴화한 꼬리뼈를 다시 재생시키듯, 강아지가 주인에게 꼬리를 흔들듯 엉덩이를 열심히 흔들고 뱅글뱅글 돌기도 하면서 환영해 준다면 어떨까.

자신을 좋아한다는데 싫어할 사람은 없다. 처음에는 어색하겠지만 몇 번을 꾸준히 반복하면 이미 귀가하는 그이의 표정에 미소가 머금어져 있을 것이다. 사랑은 획득하는 것도 중요하지만 지켜나가는 노력이 절실한 시대이다. 그것이 사랑의 향기다. 백합의 꽃말에는 순결 이외에도 '변함없는 사랑'도 있다. 명심하자. 이제 우리는 시들어 가는 백합의 상징보다 그윽하고 품위 있는 향기에 집중해 볼 때이다. 집집이 사랑을 가꿔가는 향기로운 삶을 살아갈 수 있었으면 좋겠다.

# 꽃미남 다방 🌸 따끈한 코코아 한 잔이 생각난

다. 서양에선 한기가 으스스 들 때면 감기 초기에 예방책으로 마시는데 코코아를 타 먹어봐도 그때 그 맛이 나질 않는다. 70년대 초반 그때까지 코코아는 귀해서 접하기 힘든 미제수입품뿐이었다. 게다가 꽃미남이 직접 숟가락을 저어 타주는 일품 서비스 맛이 지금은 지극한 향수가 되어버렸다. 코코아는 흔해졌지만, 그 시절 꽃미남 바리스타는 만나기 어렵게 되었다.

메리놀 병원 의사는 어머니의 병환이 차도를 보이지 않으니 퇴원을 권유했다. 장티푸스로 한 달간 입원했던 어머니는 피골이 상접한 채 집으로 돌아와 누워 지냈다. 아버지는 어머니 곁을 한시도 비우지 않고 지극하게 간호했다. 나지막한 전기 곤로에 미음을 데워서 어머니를 일으켜 끌어안고 숟가락으로 한 번 두 번 떠먹였다. 미음에서 죽으로 서서히 나아가면서 중간중간 간식처럼 영양이 될만한 음식도 잘게 다져서 먹였다. 팔을 걷어붙인 아버지의 모습은 정성 그 자체였다.

어머니가 퇴원했다는 소문이 동네에 삽시간에 퍼지자 사람들은 병 문안하러 우리 집에 드나들었다. 며칠 후에는 줄을 서서 기다릴 정도였다. 아버지는 병문안 온 그들에게 따뜻한 코코아나 커피를 비스킷과 함께 대접했고 유창한 말솜씨로 즐거운 대화를 나눴다. 어머니에게도 매일 매시간 바뀌는 사람들의 방문이 가져다주는 새 공기는 적당한 생기가 들도록 환기해 주었다. 가정집인지 다방인지 모를 정도로 우리 집에는 웃음소리가 끊이질 않았다.

남자를 두고 미모를 말할 때는 여성의 기준보다 관대하다. 눈, 코, 입이 제자리에 제대로 붙어만 있어도 다들 준미남으로 치켜세워 준다. 아버지의 외모는 그런 일반적인 잣대를 훨씬 넘는 요즈음의 아이돌 같은 수준이었다. 당시의 영화배우로 친다면 배우 신성일 아니, 신성일보다 훨씬 더 잘생긴 외모를 가졌었다. 쌍꺼풀진 짙은 눈과 미끈한 콧날 선, 입과 귀, 얼굴 갸름한 턱선에 옷맵시까지 갖췄다. 세련된 예절과 지성이 합쳐져 남자건 여자건 한번 만나 본 사람은 모두 '잘생겨서 반했다'라는 고백이 나오게끔 했다. 그야말로 꽃미남이었다.

우리 집에 줄지어 오는 첫 방문은 그동안 어머니의 치적으로 인한 병문안이었다. 인사치레 정도로 보였다. 하지만 재차 드나드는 이유는 맛있는 코코아를 타 주는 꽃미남을 보러 오는 목적이 대부분인 것 같았다. 따뜻한 실내 온도를 유지해 놓고 레코드판을 틀어 음악도 들려주고 가끔은 영사기같이 생긴 녹음기로 그들의 노랫소리도 녹음해서 들려주고 코코아나 커피를 알맞은 비율로 끓여 주는 신사적인 예절과 수려한 화술이 그 시절에 어디 찾아볼 수나 있었을까. 동경에서 건너온 적당한 일본어 억양의 리듬을 지닌 말투가 그녀들에게는 꿈속에서나 봤을 이국적인 멋쟁이였다. 자신의 집 방구석에 죽치고 있는 목석 남편에게서 평생 찾지 못한 세련미에 반했을 터이다. 무늬만 병문 안이지 실상은 꽃미남 다방의 손님이 목적인지도 모른다. 그들은 현관문을 열고 들어오면서 아버지가 계시는지부터 나에게 먼저 물었다. 그녀들은 아버지를 깍듯이 챙겼다. 어머니의 건강의 차도는 뒷전이었거나 가능한 한 오래도록 누워있기를 바라는 눈치였다. 그건 분명했다. 어머니의 완쾌가 꽃미남 다방의 폐업을 뜻했으니 조바심이 났을 것이다.

제법 오랫동안 아버지의 극진한 간호를 받았지만, 병세의 회복은 더뎠다. 조금씩 지친 아버지는 "일어나기만 하면 원하는 것 다 들어줄게."라고까지 호소했다. 이때다 싶었던지 "성당만 같이 다녀주면 일어날 것 같아요."라고 어머니는 쉴 틈 없이 잽싸게 말했다. 확답을 받아낸 어머니는 며칠 후 정말 기적같이 자리를 털고 일어났다.

아버지가 죽을 끓이던 전기 곤로와 찻잔들이 정리되어 옛 자리로 돌아왔다. 집안도 일상으로 되돌아갔다. 그동안 아버지가 간호하면서 입었던 아버지의 바지는 엉덩뼈 부분에 동그랗게 두 개의 닳은 구멍이 나 있었다. 그것은 한시도 어머니 곁을 떠나지 않고 간호했다는 둘도 없는 증거물이었다. 동네 사람들과 친척들에게 구멍 난 바지는 최고 남편이 누구인가를 알려주는 증거물로서 입소문을 타고 다녔다.

그 시대는 남자는 부엌 근처에 얼씬도 하지 않는다는 시절이었다. 꽃미남 아버지는 설거지는 물론 아침 일찍 일어나서 먼지를 털고 온 집 안을 청소했다. 잠이 많은 나는 그 소리가 얼마나 성가시게 들렸는지 모른다. 다른 집 같았으면 딸아이를 새벽부터 깨워 청소하라고 잔

소리를 했을 일이다.

어머니가 아파 누웠던 때는 두 사람에게 전성기였다. 하지만 의미는 정반대였다. 꽃미남 아버지는 동네 아줌마 속에 파묻혀 인생 최고의 전성기를 슬그머니 누렸다. 어머니는 어머니대로 당신의 인생 중에서 가장 따스한 아버지의 정성을 받아보았다. 아버지가 어머니에게 만들어 준 존경과 부러움을 얻은 대신, 어머니는 의도하진 않았지만, 그녀들에게 아버지의 멋을 잠시 빌려주어야 했다. 아버지는 어머니에게 조금도 내색하지 않고 숱한 여자들에게 골고루 친절을 베푸는 솜씨를 한껏 즐겼다. 아이로니컬한 부부의 맞교환 전. 아파 누워야만 남편의 시선과 관심을 받아낼 수 있는 한낱 같은 아내의 삶. 그러한 모순을 받아들여야 하는 것 또한 꽃미남을 남편으로 가진 여자가 겪어내야 할 불편한 현실이었다.

가끔 생각해 보면 옛날 아버지에겐 어떻게 그런 힘이 났었고 언제 그럴 시간이 있었을까 싶다. 여자들과 달리 남자들은 대개 표현이 적다. 공치사를 잘하지 않는 남자의 깊은 정을 딸인 내가 알 리가 있었겠는가. 결혼해서 남편이 아버지가 되고 내 자녀들도 옛날의 나처럼 아버지의 깊은 마음을 알아주지 못할 때 비로소 그 시절 나의 아버지의 한 시절이 떠올랐다. 나이를 먹는다는 건 가정이 깔아주는 일상이 얼마나 고마운 일인가를 깨닫게 해준다. 지금 다시 돌아간다면 정성으로 매일 이부자리를 깔아주었던 아버지처럼 한결같이 잘할 수 있을까.

내리사랑 같은 촉촉한 비가 내리는 오늘, 그리움과 따스함을 되살려

주는 코코아 한잔이 생각난다. 그때 그 맛이 그리운 것이 아니라, 아버지의 한결같았던 사랑을 다시 한번 떠올리며 따스한 기억 한 모금 삼키고 싶어서이다. 그때 그 꽃미남이 뼈저리게 보고 싶은 그런 날이다. 코코아를 담고 있는 잔은 여전히 따뜻한데.

# 붉은 겨울잠 🌸 늦은 가을이면 꼭 해야 할 일이

다. 청명하고 선명하게 색을 내리면 가을에 땅속 깊이 묻어야 한다. 매년 시월이 오면 숙제처럼 땅에 묻는다. 이른 봄 땅속에서 촉을 내밀어 할아버지에게 뽀뽀하려는 아기의 뾰족한 입 같기도 하다. 유치원생의 도톰한 젖살이 연상되는 뺨과 단순 절제된 종갓집 맏며느리 같은 두툼한 턱선의 반전 매력이 있음이다.

봄에 제일 먼저 촉을 내민 깜찍한 전령사 역할을 하는 반가운 이유도 있지만, 튤립을 심는 가을에 계절이 내려 주는 사숫거리를 생각하기 때문이다. 추운 겨울을 이겨내야만 봄에 선명한 색깔을 가진 큰 튤립꽃이 피어난다. 이웃집에서 해마다 튼튼하게 키우는 선명한 꽃이 부러웠는지 굵고 아주 튼실한 튤립 구근을 사다가 이른 2월에 심었다. 속성으로 키워 보려고 잔꾀를 부린 것이다. 추운 겨울을 지나지 않은 튤립 알뿌리는 싱싱한 잎과 줄기를 키워내기는 했지만 끝내 꽃을 맺지 못한 채 봄이 끝나 버렸다.

몇 년 전 시부모님을 떠나보내고 우리 집에 모시지 않은 것이 마음속에 남아 조금씩 걸리적거린다. 그럴 때마다 튤립의 의미를 되새기게 된다. 우리 집과 가까이에 살고 싶어라 하셔서 도보로 5분 거리에 모셨다. 네 명의 아이들 재롱과 명랑한 분위기인 우리 집에 오시는 것을 좋아하셨다.

표면상으로는 직장 다니는 며느리를 도와주시겠다는 명분이 있었지만, 아이들을 돌봐 준다는 구실로 심하게 나를 옥죄는 면이 있었다. 모든 생활을 통제당했고 간섭도 받았지만 겨우 참느라고 병이 날 지경이었다. 한 번쯤 소심한 저항도 해봤고 아무도 없는 곳에 차를 세워 놓고 혼잣소리로 아우성치며 울부짖기도 했다. 아쉽게도 전원일기에 나오는 한결같은 며느리 코스프레는 완벽하게 해내질 못했다.

칠십 대 후반이 되었을 때쯤 우리 집에 모시기를 청했다. 시부모님은 '맏이인 큰 시숙도 있는데' 하면서 이런저런 이유를 대면서 사양하였다. 사실은 거절이라고 봐야 할 것이다. 강하게 청했더라면 함께 살았을지도 모를 일이다. 강하게 청하지 못한 마음 저변에는 내가 늘 한결같이 잘해드릴 확신이 없었기도 하거니와 효부 코스프레를 살짝 해본 것은 아니었는지 되짚어 보게 된다. 나보다 더 당신들께서 적극적으로 오시겠다고 했다면 우리의 동거는 가능하지 않았을까 싶다.

83세에 시어머님은 돌아가시고 뒤를 이어 육 개월 후 연이어 아버님도 따라가셨다. 아버님은 어머님을 보내고 술로 시간을 보내며 골절로 입원했다가 식도암이 발견되어 치료 중에 폐렴으로 사망하였다. 아버님이 돌아가시기 전 육 개월 동안 시댁 형제들과는 심리적인 갈등이 있었다.

무엇보다 암이라는 시한부 병명은 짧은 시간에 반짝 효도 효과를 보려는 심리를 발동하게 했다. 평소 그다지 부드러운 것 같지 않던 사람도 잠깐 잘하고 효자 효부 이름표를 달고 싶어라 하는 심리를 꿰뚫어 보면서 기분이 묘했다. 조금만 참고 모시다가 떠나보내면 자식으로서 그동안 빚진 듯한 불효도 홀가분해질 테고 세간에는 효자 노릇했다는 칭찬을 평생 들을 것이라는 얕은 계산이 깔려있었다.

동서는 본인의 전원주택에 아버님을 모시겠노라고 선언하듯 말했다. 그 전에 앞서 내가 한 번 더 청해 보았고 거절도 당해 보았기 때문에 '모실 수 있으면 해보시라. 아마도 쉽지는 않을 것이다'라고 장담했다. 부모를 모시는 것은 긴 시간 동안 신뢰를 쌓아야만 가능한 것임을 깨닫고 있었기 때문이다. 인간관계는 오랜 시간을 거치면서 서로에게 믿음을 깊숙이 심어주는 관계가 중요하다는 것을 지난날 시부모님으로부터 청을 거절당하면서 깨닫게 된 것이다.

특별히 사랑하고 애착을 갖는 자식이라고 해도 자신의 말년의 몸을 맡기는 일은 좀 더 깊은 신뢰가 있어야 실행될 수 있는 일이었다. 모시고자 했을 때 거절당하면서 내가 그동안 쌓아 놓은 신뢰가 이 정도밖에 되질 않았던가 싶어서 서운했다. 부모님의 심정도 충분히 이해가 갔다. 그 정도의 믿음을 갖도록 하기 위해선 내가 얼마나 많은 희생을 지렀어야 하며 지아가 얼마나 많이 죽어야 했을까.

튤립이 추운 겨울을 이겨내야만 꽃이 피듯 부모님을 모실 수 있는 행운은 함께 동고동락하면서 서사를 엮어 나가야 한다. 고난도 기쁨도 함께 겪어 낸 선한 이미지와 효도의 내공을 오랫동안 쌓아야 한다. 완벽한 믿음이 생길 때 그때 비로소 부모님은 자신의 노구를 기대려고 하는 것이다. 부모님이 돌아가시고 난 뒤 나를 되돌아보면 정성과 최선을 다했노라고 장담했던 지난날은 마치 가벼운 바람에도 날리는 튤립 껍질과 같다는 생각이 스쳤다.

지금 나에게는 또 다른 깊고 푸른 겨울이 찾아왔다. 이번 추위는 그 어느 겨울의 한파보다도 더 매섭고 쓰라리다. 하늘이 무너지는 아픔이 있었고 배신의 상처도 남았다. 여기서 쓰러질 수는 없었다. 일부러 씩씩한 척 방긋방긋 웃었다. 어차피 겨울은 지나갈 것이며 여름을 견뎌낼 내성도 생겨야 하니까. 튤립이 추위를 반드시 겪더라도 얼지 않아야 하니 고난과 고비를 겪어내는 인생사와 닮았다. 깊이 심어주면서 생각해 본다.

겨울 지나 봄에 꽃을 피운다고 해서 추위만 겪어내는 것도 아니다. 뜨거운 더위도 겪어내야 하는 것이 튤립의 속성이다. 고통이 어디 매서운 추위만 있다던가. 뜨거운 뙤약볕의 살갗이 타들어 가는 고통 아래 겨우 물을 축이며 견뎌내야 하는 고통도 다른 이름의 아픔이다.

의연하게 일어서려고 죽을힘을 다해 인내하고 나면 그 고통의 이름을 어떻게 부를까 생각해 본다. 나에게 어쩌면 정신적 자산이 하나 더 불어난 셈이라고 애써 자위해 본다. 후일 자식들에게도 겨울의 모진 바람이든 한여름의 지독한 땡볕이 없다는 보장이 있을까. 때가 오면 나의 겨울과 여름을 얘기할 수 있기 위해 튤립의 의미를 잘 새겨본다.

# 당신의 오늘 하루 🌸 파울로 코엘로가 쓴

'브리다'의 여주인공 브리다는 마법을 배우겠다고 했다. 작가는 그녀를 등장시켜 마법사를 통해 사랑의 환희를 배울 때 비로소 마법의 상태를 느끼게 된다고 표현했다. 전적인 동의는 아니지만, 특별히 마술을 배우지 않더라도 일반 사람이 마법사처럼 될 수 있다는 것에는 동의한다.

아버지와 아들이 데면데면하게 일상적으로 툭툭거리며 살아간다. 평생 가난만 물려준 아버지에 대한 애정이라고는 눈곱만큼도 없다. 아들은 스턴트맨이다. 그러다 아들은 갑자기 시한부 암을 선고받고 그때부터 음악가인 애인을 위해 순한 인생을 살아보려고 마음먹는다. 맨 먼저 클라리넷을 마련하고 악보를 구해서 그녀에게 들려줄 라흐마니노프의 34번 '보칼리제'를 독학으로 연습하게 된다.

어느 날 아버지가 암과 사투하는 아들에게 생일 밥을 차려주고 '맛있게 좀 먹어라'라고 다그치자 '맛없어'라며 퉁명스럽게 대꾸한다. 시한부의 아들에게 애끓는 마음을 갖지만, 표현을 못 하는 아버지다. 평생 아들에게 고생만 시킨 아버지로서 할 수 있는 것은 거의 없었다.

입맛을 돌게 해준다며 아들의 클라리넷으로 아들 몰래 악보를 훔쳐보고 연습해 온 보칼리제를 연주한다. "비싼 식당에 가면 악사들이 돌아다니면서 연주하잖아. 오늘만큼은 재벌 아들처럼 음악을 들으면서 귀족처럼 밥을 먹는 거야." 한다. 서툰 아버지의 연주를 들은 아들은 마침내 마음을 연다. 아들은 몇 소절 만에 끝내는 아버지에게 계속하라고 다그친다. "그거밖에 연습하지 못했어. 다음에 더해줄게." 아들이 클라리넷을 받아서 다시 처음부터 끝까지 보칼리제 완곡을 연주한다.

슬픔이 밀려오는 장면이지만 절제미를 통하여 더 가슴 아린 장면을 연출한다. 도저히 대화가 안 될 것 같은 관계에도 음악이란 매개체가 서로의 닫힌 마음을 열어 주는 마법을 부린 장면이다. '네 멋대로 살아라'라는 드라마 장면이다.

애견 센터에 들렀더니 2시간이나 밀렸다고 한다. 예상치 못한 두 시간이 생겨버렸다. '그래, 오늘은 일탈해 보는 거야.' 그렇게 생각해서일까, 운 좋게도 주차장 입구 가까운 자리가 생겨 편하게 주차한다.

시장 카터를 꺼내서 장보기를 한다. 열량 생각하며 맑은 혈액 유지를 위해 참아왔던 달콤한 생크림 빵과 마늘빵에다 커피까지 달고 진한 카페모카를 주문한다. 오늘만큼은 입맛 위주로 먹기로 하고 건강 관련한 것은 생각하지 않기로 한다. 홍보 아르바이트 여자들이 줄줄이 제품을 시식해 보라고 붙잡는다. 그래, 오늘은 다 먹어주고 모두 사주기로 하자.

주차장에 카터를 갖다 놓으려 하니 단발머리 중년 부인이 카터에

넣을 동전이 없어 애태우고 있다. 옳지, 마침 잘됐다. "이것 쓰세요." 부인이 해맑게 웃으며 좋아한다. 정말 고맙단다. 백 원의 가치가 이렇게 큰 효과를 낸단 말인가.

차를 빼내려고 걸어가는 도중 주차할 곳이 없어 헤매는 차를 본다. '나 곧 나갈 거니까 내 자리에 대라'고 엄지손가락을 펴서 수신호를 보낸다. 고맙다고 환히 웃으며 그도 엄지를 척 꺼내 보인다. 저렇게까지 고마워할 일인가. 내 땅도 아니건만.

빵과 커피를 마시기 위해 나무 그늘진 벤치 쪽으로 걸어간다. 멀리 벤치에 앉은 사람들과 반대쪽으로 홀로 돌아앉은 수줍은 등이 보인다. 혼자 어깨를 숙이고 있는 그 곁에 똑같이 앉아 보니 떡을 먹고 있다. 점심 대용이다. 수더분한 얼굴에 형편이 그다지 넉넉해 보이진 않는다. 말을 붙이며 본다.

양산에서 왔단다. 병원 예약 시간까지 기다리며 요기를 대충 때울 양으로 쑥떡을 먹고 있단다. 속이 거북할 것이 입가심으로 마늘빵을 권했다. "나는 혼자 다 먹어 버렸는데."라며 겸연쩍게 말한다. "혼자 먹기가 어색했는데 옆에 있어 줘서 참 고맙다."라고 한다. 자신의 병력을 죄다 펼친다. 과거사도 줄줄 쉴 틈 없이 나온다. 굳은 얼굴이 미소 짓는 표정으로 변한다. 마법이 통했다.

잠시 얘기하다 헤어질 사람은 이래서 좋다. 모르는 사람을 만나면 가볍게 비밀 이야기, 수줍은 이야기, 모두 털어놓을 수 있어 좋다. 이름도 모르고 성도 모르는 반짝 만나는 일회성 관계. 그 가벼운 관계 속에도 연민, 고마움, 친절과 배려가 존재한다.

강아지가 사랑받는 이유는 얘기를 들어주기 때문이다. 함부로 판단 않고 이래라저래라 섣부른 충고를 하지 않으며 잘잘못을 따지지도 않는다. 그에게 속 얘기를 해도 비밀이 새어 나갈 염려가 없다. 가장 친한 암컷이나 수컷에게조차도 들은 비밀을 소문내지 않아 안전하다. 봉제 인형에게 이야기하며 놀았던 어린 시절 그 습관은 나이가 들어서도 외로움이 사무칠 때 어딘가에 털어놓고 강아지에게 애정을 주려고 한다. 살아간다는 자체가 상처투성이이므로 어딘가에서 보상받으려 한다.

노래 봉사를 20년 가까이 하고 있다. 종교 행사에서 노래를 부를 때마다 보람을 느낀다. 마치 마법에 걸렸다 나오는 느낌이다. 근심, 걱정 가득한 굳은 표정들이 묵상 글을 읽고 노래를 듣는 동안 눈물을 펑펑 흘린다. 눈물은 굳게 닫힌 마음을 열게 하는 최상의 마법이다. 마음속에 변화가 일고 있다는 표징이다. 행사를 마치면 사람들은 내게 와 '고맙다, 속이 시원해졌다, 상처가 치유된 듯하다'라며 황송하게도 감사의 인사를 건넨다. 내 상처가 오히려 치유되는 봉사의 대가를 받아 가는데도 말이다. 파울로 코엘로가 쓴 마법이 몇 시간 정도 느끼는 것이라면 적어도 하루 정도 이상은 지속할 수 있는 마법도 있다.

마법이란 어렵지 않다. 특별히 배워야 하는 기술이 아니라 마음만 먹으면 언제든 할 수 있다. 화나는 사람을 기분 좋게 만드는 것이면 마법이다. 느닷없이 만든 작은 행운으로 들뜨게 하는 것, 친절한 한마디 말로도 웃게 만드는 것, 손대지 않고도 찡그린 표정을 밝게 펴주는 것, 어렵게 꺼낸 얘기를 가만히 들어주는 것. 밥 볶을 때 '맛있어져라. 맛있어져라'라는 애교 섞인 미소가 한 숟가락의 마법 가루가 된다.

벤치에 홀로 뒤돌아 앉은 여인을 뒤로 남겨두고 걸어온다. 천천히 걸으면서 마음속으로 마술사는 혼잣말로 마무리한다. 한 걸음, 한 걸음 걸을 때마다 정성을 다해 주문을 외운다.

'당신의 소중한 오늘 하루가 행복하고 아름답기를.'

# 아버지예 잠 옴미더 ❀ 아기야, 라고 불리

면서 자랐다. 아버지는 나를 무릎 위에 눕혀서 "아가야, 나오너라. 달맞이 가자"라는 노래를 불러 주면서 요람처럼 슬슬 흔들어 주며 잠을 재워 주었다. 언니는 '아가씨', 나는 '아기야'라고 불렸다. 초등학교 입학 전날 "이제부터 네 이름은 '김미숙'이다. 누가 이 이름을 부르거든 얼른 대답하거라" 하고 일러 주었다.

초등학교에 들어가기 전이었다. 매일 저녁이면 아버지의 퇴근길을 마중 갔다. 위 로터리와 아래 로터리 중간쯤 길가에 걸터앉아 있다가 끝머리쯤에서 아버지가 나타나기 시작하면 달리기 시합이라도 하듯 힘차게 달려가서 머리를 꾸벅 숙여 "아버지예, 다녀오셨습니까." 하고 인사하곤 했다. 아버지는 차례대로 머리를 쓰다듬어 주었다. 나를 업어서 우리 집까지 가곤 했다. 업히는 것을 유독 좋아해서 아버지 마중을 가는 목적이 어쩌면 업히는 데 있었을 것이다.

그날도 아버지를 마중하러 갔는데 낮 동안 고무줄뛰기를 많이 해서 어느새 깜빡 졸았는가 보았다. 잠깐 졸았나 싶었는데 언니 오빠가 벌떡 일어나는 인기척이 느껴졌다. 거슴츠레 눈을 떠 보니 의리 없이 날

두고 자기들끼리 아버지께 달려가는 것이 아닌가.

꾸벅 절까지 하고, 또 아버지는 내가 빠졌음에도 불구하고 날 찾지도 않고 평소처럼 태연하게 머리도 쓰다듬어 주었다. 아차, 싶었다. 순간 잠이 쏟아지는 괴로움을 무릅쓰고 얼른 일어나 쏜살같이 뛰어가서 머리를 꾸벅 숙여 인사를 했다. 조금 괴로운 것쯤이야 아버지가 곧 업어 주실 것으로 생각하고 기대하면서 인사했다.


이상하게 그날따라 아무리 기다려도 아버지는 머리를 쓰다듬어 주기는커녕 업어 주려 하지도 않았다. 뒤뚱뒤뚱 오는 잠을 참으며 따라가면서 기다려 봐도 아버지는 그날 기분이 안 좋았는지 뒤도 돌아보지 않고 앞만 보고 가고 있었다. 잠이 쏟아져서 못 견디겠는데, 업어줄 때가 됐는데, 기다려도 반응이 없어서 염치 불고하고 어리광을 부리며 아버지께 신호를 보냈다.

"아버지이예 잠 옴미더."

한 번 더 용기를 내서.

"아버어~지예 잠 옴미더어."

잠이 너무 쏟아져서 걸음을 비틀거릴 정도인데, 어찌 저리 야속하게 앞만 보고 가실까? 싶었다. 그래서 이젠 좀 짜증이 섞인 목소리로 말했다.

"아버어~지~이~예에 자~암 오~옴미더어, 자~암 오~옴 미~이~더~어~어."

그때까지 아무 말씀도 안 하고 앞서가기만 하다가 뒤돌아보며 "니

누고." 하고 물었다. 기가 탁 막혔다. 어찌 이런 말을 할 수가 있다는 말인가 싶었다. 순간 앞이 캄캄했다. 정신을 차리고 눈을 크게 떠서 올려다보니 웬 낯선 남자가 떡하니 나를 내려다보고 있는 게 아닌가. 그러고 보니 모르는 아저씨를 여태껏 줄기차게 따라가면서 칭얼거렸던 것이 아닌가.

그제야 멀찌감치 뒤에서 오빠와 언니가 날 부르는 고함치는 소리가 들렸다. 아차, 싶었다. 재빨리 도로 뛰어갔다. 되돌아온 나를 보고 오빠와 언니는,

"니는 그 사람이 누군 줄 알고 따라갔노. 내일 우리 담임선생님 얼굴을 우째 볼꼬."

하고 온갖 걱정을 다 해가면서 투덜거리고 원망을 늘어놨다.

내가 한창 조는 중에 자기들 새 담임선생님을 발견하고 인사하러 뛰어갔다가 오니 내가 갑자기 말릴 새도 없이 휭 하고 뛰어가 버리더라고 했다. 남의 선생님을 어떻게 알고 인사를 하는가 했더니 계속 그분을 따라가더란다. 아무리 불러도 오지도 않고 비틀거리면서 칭얼칭얼하며 따라가더라고 말해 주었다. 부끄러워서 할 말이 없었다.

한참 지나서야 우리 아버지가 왔다. 여느 날처럼 아버지는 우리를 보고 인사도 받고 초승달 같은 눈으로 웃으며 머리를 쓰다듬어 주었다. "아이고 예쁘다. 용타."라고 하고선 평소처럼 아버지 등에 업어 집으로 돌아왔다. 그날 저녁 아버지 등에 업혀서 집으로 돌아오면서도 잠은 전혀 오지 않았다. 아버지인 줄 알고 따라갔던 그 남자의 낯설고

냉정했던 말투와 냉랭했던 표정과 뒷모습이 머릿속에서 좀처럼 떠나가지 않았기 때문이었다.

그 후로 세상 남자가 모두 다 아버지처럼 다정한 사람이 아니란 것을 깨닫게 되었다. 아버지가 보내주는 눈웃음 담은 표정과 손길, 목소리의 뉘앙스가 얼마나 사랑스러움의 극치인가를 어린 나이인 그때도 느낄 수 있었다.

# 못난 과일에 눈길 머물고 ✿ 모과 다

섯 개가 광주리에 얹혀 있다. 가을 들녘 노을길을 천천히 달려가면 시골 할머니 몇 명 길모퉁이에 앉아있다. 구부정한 허리와 애절한 눈빛으로 지나가는 사람들을 호객한다. 때깔 좋은 음식이 먹기도 좋다고 하던가. 생김새가 그러니 노랗게 익기 전에 딴 것은 눈길을 끌기 어렵다.

울퉁불퉁하고 흠 없는 것이 드물다. 가지 끝에 열리기 시작해도 누구도 미리 점찍고 탐내는 사람은 없다. 연둣빛이 샛노랗게 물이 짙어져가면 그런대로 색깔은 봐줄 만하다. 여전히 형편없는 외모는 그 어디에 내세울 만한 처지가 못 된다. 그렇다고 영 천대하며 구석에 밀어두지도 않는다. 천하의 누렁이 호박도 촌집 마루 한쪽에서 버젓이 암팡지고 당당하게 앉아 모양을 낸다는데 모과라고 존재감이 빠질쏘냐 싶다.

대나무 얇게 엮은 대소쿠리에 앉아 샛노란 색을 입히면 몸속에서부터 풍기는 향이 코를 지나 가슴에까지 다다르게 한다. 누구나 한 번쯤 가슴에 품었던 추억을 기억으로 떠오르게 만드는 전해질 같은 향내다. 그때부터 모과의 외모에는 무관심해지고 색깔이 주는 세련됨과 냄새의 짙은 노련함에 빠져든다. 일단 매료되기만 하면 뒷방 구석에

갈 신세를 면하게 된다. 거실이나 자동차 뒷좌석 위에 떡하니 얹혀서 향을 뽐내는 당당한 입장으로 바뀐다. 늦가을 모과 향기를 곁에 두면 그의 정서를 한층 더 품격있게 만든다.

모과는 못난 모습으로 샛노란 색을 품으면서 변해가다가 특별한 향을 덮어 자신을 드러낸다. 화려한 용모를 자랑하는 꽃과 달리 그 모양은 화려하지 않지만 한번 품은 향기를 오랫동안 간직하는 의리 있는 모과다. 그렇다고 과도로 쓱 잘라 한입 베어 물면 시리디시려서 네 맛도 내 맛도 없다. 항아리 단지 어두운 곳에서 깊게 익어가며 인고의 세월을 가져야만 기관지에 특효를 갖는 효소로 태어난다. 사람에게 도움을 주는 효소로 변화하는 과정은 마치 긴 세월 동안 차츰차츰 자신을 드러내는 진국의 사람과 닮았다.

예전에는 모과를 모개라고 불렀다. 얼굴 모양이 제자리에서 조금 비켜났다고, 제 높이에 있질 않아 못생겼다고 했다. 그런 아이를 보면 다들 모개라고 불렀다. 모개라고 불리던 아이들은 자존감이 낮아져 작은 일에도 설움을 타 애정결핍으로 자란다. 그때 누군가의 배려로 칭찬이라도 받게 된다면 웃음기를 되찾는다. 웃는 표정 근육에서 발달하는 얼굴 모양은 서서히 입체감으로 돋아나서 예쁜 느낌을 준다. 누군가로부터 예쁘다는 말을 듣게 된 아이는 차츰 회복된 자존감을 품고 개성을 지닌 자신만의 향내를 풍기게 된다.


찌들어 말라버린 모과처럼 독거노인이 된 그다. 영화표 두 장이 생겼다며 함께 보기를 원한다. 방금 들어와 외출복을 갈아입기 전이다.

머릿속은 그 짧은 순간에도 이런저런 생각이 맴돈다. 달갑지는 않지만, 기꺼이 응하는 척한다. 초라하게 시들어 가는 노인 총각, 그는 나의 중학교 때 사회과목 선생이다. 서울의 명문 법대를 갓 졸업 후, 군대체 복무하러 학교에 왔다. 병약한 노모와 일찍 세상을 떠난 형님과 재가한 형수가 남긴 조카들이 있었다. 24살 그 어깨에 짊어진 무거운 책임감을 피하지 않고 받아 낸 못난 바보였다.

키도, 체격도 왜소해 울퉁불퉁 못난 모과를 떠올리게 했다. 엄한 선생들에게서 기가 죽었던 학생들은 친근하고 격 없이 대해 주는 풋풋한 총각 선생의 순진한 말씨에 자존감을 회복했다. 그가 지나갈 때면 학생들이 몰려들었다. 그들을 피해 달아나면 아이들은 재밌다고 뒤쫓아갔다. 선생과 친해 보려고 경쟁했고, 몇몇 아이들은 학교 밖에서 만난다는 소문도 났다. 한국사를 재밌게 이야기로 엮은 수업 덕분에 학생들의 시험 성적이 잘 나왔다.

가족 뒤치다꺼리에 사법고시 꿈은 점차 멀어졌다. 다시 영어 선생 자격으로 과외 수입을 벌어 보려 했으나 정부의 과외 금지 조치로 못하게 되었다. 나이 50대에 전교조로 해직과 복직을 되풀이하며 노후대책 없이 직장 생활은 끝나 버렸다. 지인들과 제자들은 그의 못난 현실을 보고 곁을 떠나갔다. 조카들은 결혼해 떠나고 가족 없이 독거노인이 되었다.

졸업 후, 20여 년이 지나 우연히 골목 안쪽 작은 남의 가게에 정수기 작업하는 모습을 보게 되었다. 먹는 것이 부실한지 마른버짐 핀 얼굴에 녹내장이 온 눈은 튀어나올 듯 슬퍼 보였지만 말속에는 여전히 순수한 지성이 흘러나왔다. 착한 사람은 복 받는다더니만 행운은 모두 피해 간 모양이다. 환경이 그의 발목을 잡았을지라도 후회나 넋두리조차 없다.

쭈뼛거리며 얻어먹던 밥도 오늘은 어깨를 펴고 사겠다고 한다. 영화표 두 장은 핑계였고 정부에서 주는 노인 문화생활권 카드로 영화표를 샀다. 곁에 놀아 줄 동무나 기왕이면 젊은 여자의 모과 향 같은 밝은 사람 하나쯤 필요했을 것이다. 모과 같은 자존심을 지켜주기로 했다.

스릴러 같은 영화 '파묘'다. 무시무시한 효과음이 심장을 죈다. 긴장한 탓에 팝콘 먹을 겨를도 없이 끝나 버렸다. 전철 두 구간을 같이 타고 오다 먼저 내리는 그에게 깍듯이 인사하며 보냈다. 나는 왜 그를 만나주었을까. 그에게서 모과 발효액 같은 사람 냄새 훈훈한 잔향을 맡았던 건 아니었을까. 가치를 알게 될 때까지 세월이 필요한 모과처럼. 발효해 가는 내 나이만큼 선생의 참모습을 알기까지는 효소같이 익어가는 그의 진실함을 발견하고 난 후부터였다. 해마다 가을이 오면 못난이 과일에 눈길이 머무는 것도 그 때문이 아닐는지.

돌아오는 길에 들었던 철부지같이 늙어버린 총각 바보 선생 말이 자꾸 귀에 맴돈다. 독거노인 친구의 임종을 돕고 사후 수습과 정리를 해주었다는 얘기. 그 친구의 자식들은 연을 끊었고 홀로 투병 중인 친구를 몇 달 동안 자신의 집에서 간호해 주다가 임종을 도운 얘기. 그런 얘기가 장차 자기 앞일이 될 거라는 생각은 전혀 하지도 않는 듯한 표정이다. 집에 오랫동안 숙성시켜 둔 모과 효소를 살피러 갔다. 항아리 뚜껑을 열어 향내를 맡아보았다. '쿰쿰하다.'

울음도 기술이 필요하다. 울음이 서툰 사람은 침범한 슬픔 앞에서도 감히 소리를 내어 울기조차도 힘들다. 소리 없는 금붕어처럼 눈물만 뻐끔뻐끔 흘릴 뿐이다.

- '회억' 중에서

# 5부 회억

# 회억 ❀ 추석 전날, 그녀에게 슬픔이 도착했다. 갑작스

러운 비바람처럼, 경고 없이 문을 두드렸다. 그녀는 맥없이 눈물을 떨
구며 울고 있다. 울고 있는 이에게는 달래주는 것이 도움이 될까. 함
께 흐느끼는 동행이 필요할까. 아니면, 그저 조용히 침묵으로 곁을 지
켜주는 사람이 좋을까.

슬픔의 깊은 늪에 빠져 허우적대는 사람에게는 위로조차도 성가시
게만 들린다. 사람들은 그녀에게 울지 말고 밥도 먹고, 쓰러져 있지
말고 기운을 차리라고 다독인다. 장례식장은 세상에서 울 수 있는 마
지막 성소聖所와도 같다. 장례식장만큼, 아니 화장장만큼 마음껏 울 수
있는 곳이 어디 있을까. 지금이 아니면 공식적이고 합법적으로 목놓
아 울 기회는 또 언제일까.

울음도 기술이 필요하다. 울음이 서툰 사람은 침범한 슬픔 앞에서도
감히 소리를 내어 울기조차도 힘들다. 소리 없는 금붕어처럼 눈물만
뻐끔뻐끔 흘릴 뿐이나. 이 순간의 그녀 울음을 그치게 할 순 있지만,
실컷 울부짖게 해주고 싶었다.

지금 그녀의 울음은 상실의 눈물만은 아니다. 남편과의 첫 만남부

터 아찔하고 철없던 시절이 고스란히 떠올랐을 것이다. 풋풋한 연인과 아슬아슬하게 겪었던 비밀스러운 여자의 마음이 서려 있을 게다. 어린 신부에게 상상도 못 했던 무거운 종갓집 맏며느리의 면류관을 씌워준 장손 남편에 대한 원망도 뒤엉켜 있을 게다. 서투른 며느리 노릇에 사무침을 주었던 시부모님을 떠나보내며 함께 지나온 세월의 회한. 푸른 시절에 만나 아이 낳아 키우며 겪어냈던 삶의 고통과 기쁨. 싸늘하게 퇴색한 백발과 노쇠해져 간 두 사람의 시절 필름이 빠르게 돌아갔을 것이다.

짧은 고통 기간이긴 했지만 암이라는 무자비한 병마 앞에서 당황했지만 절절하게 이겨보려고 애쓰면서 두 사람은 단단히 손을 맞잡고 대항했다. 운명은 어떤 방법으로든지 교묘하게 그들의 결의를 갈라놓았다.

화장로로 들어가기 전, 나는 그의 관에 대고 마지막 화해를 해야만 했다. 미웠던 사람이다. 욕심이 많아 동생들보다 두 배로 가져야 속이 찼던 맏이였다. 그의 태만한 장남 노릇에 우리 부부가 감당했던 짐들. 몰랐던 비밀스러운 형제애의 밀거래가 후일 뒤늦게 밝혀져 내게 충격과 배신감과 피해의식을 갖게 한 사람이었다. 늘 맏며느리에게 불만족한 부모님의 꾸중을 방패처럼 받아냈던 그는 아내 바보였다. 바위같이 강한 두 동생의 질책을 듣느라 괴로웠을 것이다. 그랬어도 타고난 끈끈함으로 형제애를 지켜냈던 삼 형제였다. 부모와 형제에게 인색한 기억만 지독하게 남겨주고 엄청난 재산을 덩그러니 내던진 채 그는 어이

없이 떠나 버렸다. 용서가 힘들지만, 고인이 된 지금 이 순간, 얽힌 매듭을 풀어 주어야 한다는 신앙적 소명을 느낀다. 그 마지막 순간에, 나는 손바닥을 관 위에 얹어 화해의 손을 묵직하게 내밀었다.

불 속으로 들어가는 그녀 남편 관이 보였다. 그녀가 자지러졌다. 사람들은 하나둘 대기실로 나와 수골 방송을 기다리는 동안 식사를 한다. 삶과 죽음의 경계는 이렇게 명확하다. 죽음 앞에서 산 자들은 태연하게 밥을 먹고, 웃으며 대화를 나눈다. 조금 전까지 울부짖던 사람들은 이제 일상의 일로 돌아가고 있다. 고인은 뜨거운 불 속에서 모든 것을 태우며 저승길에 접어들고 있는데, 산 자들은 태연히 밥을 먹고 있다. 밥은 일상으로 돌아가는 준비다. 우리 모두 그렇게 한다.

장례식장에서도 마찬가지다. 영정 앞에서 흐느끼던 사람들이 이내 웃으며 오랜만에 만난 친구, 친척들과 담소를 나눈다. 마치 고인이 이 자리를 마련해 준 것처럼. 호상도 아닌데. 어느 죽음에 호상이란 말이 적당할까. '잘 죽었다'라는 말은 초상집에선 함부로 입에 올릴 수 없는 말이다.

"밥을 먹고 기운 차리면 뭐 하나 싶고, 차라리 이대로 남편 따라가고 싶겠지만, 기도하려면 힘내셔야 합니다. 산 자가 고인을 위해 할 수 있는 것은 이제 기도뿐입니다. 울 시간에 기도해야 합니다."라는 나의 단호한 말에 그녀 눈에 의연한 빛이 번쩍였다.


밖으로 나가 화장장 근처를 천천히 거닐었다. 왜 대부분 화장장은 높은 곳에 자리할까. 아마도 그 아래 펼쳐진 넓은 세상을 내려다보며 지금 우리가 뜨겁다고 여기는 괴로운 일들이 얼마나 하찮은 것인지를 깨닫게 하기 위함일 것이다. 관찰자의 시점에서 바라보면 모든 문제는 한결 여유 있게 바라볼 수 있지만 우리는 미시적 시각에 갇혀 집착하며 살아간다.

주마등처럼 아련한 추억이 스쳐 지나간다. 그때, 우리는 젊고 싱그러운 삼 동서로 만났다. 얄미운 시누이도 한몫하고 있었다. 발갛게 상기될 정도로 열심히 했던 시절. 세상은 그토록 넓었건만, 우리는 좁디좁은 삼 동서만의 세상에 갇혀 치대듯이 경쟁하고 불꽃 튀기듯 치열하게 살았다. 세 며느리를 저울질하고 갑질했던 시어머니를 심사위원이라도 되는 양, 그분 눈에 들기 위해 서로를 밀어내며 다투던 삼 동서. 그녀들 개별로 보면 확실하게 성실했고 분명하게 개성 있고 불꽃처럼 열정적으로 살았던 모범 여성이었다.

휘말리지 않으려 애를 썼지만, 소용돌이처럼 휘감겨서 흔들렸던 우리네 애증의 세월이 늙어 갔다. 시샘도 많던 그녀의 머리 위에는 어느덧 하얀 흰서리가 내렸고 두 동서 머리 위에도 차츰차츰 싸라기눈이 뽀얗게 덮여 갔다. 핵가족만을 챙기고 경쟁하며 아귀다툼하던 시절. 시기와 질투, 이간질로 미워하던 지옥같이 괴로웠던 시절조차도 이제는 사무치게 소중한 삶이었다.


고통이 회오리치고 용서 못 할 미움이 납덩이처럼 짓누르고, 치열한 승부욕에 사로잡혀 상대를 가시로 찌르고 싶을 때, 화장터에 오면 깨닫는다. 모든 감정과 집착도 살아있을 때 누리는 호사라는 것을. 죽은

이가 살고 싶었던 그 하루가 지금이라는 것. 미움도, 분노도, 욕망도, 지성과 의지와 소유한 모든 것들이 결국엔 부질없다는 것을. 불꽃 같은 인생. 모두가 한낱 꿈이었다는 것을.

**울타리** ✿ 뜰 안으로 철망을 세운다. 정원을 가리려고
낙엽과 잡초, 전지한 가지들을 차곡차곡 쌓아 막는다. 꾸며 놓은 정원
을 보려고 길 가던 사람들이 울타리 사이로 까치발을 하고 빠끔히 머
리를 밀어 넣어 쳐다보기 일쑤였다. 들여다보려는 사람과 사생활이
노출되는 것이 싫어 정원 주인은 울타리를 자꾸 막는다.

성장할 때 집 울타리에는 꽃과 열매가 주렁주렁 매달려 있었다. 해
마다 봄이 오면 오빠들이 어디선가 씨와 모종을 구해와서 심어 놓곤
했다. 애쓰지 않아도 울타리에 걸쳐진 갖가지 꽃들과 열매를 즐기며
성장했다. 보라색 나팔꽃은 씩씩하게 울타리를 잡고 뻗어 나갔고, 분
꽃과 노란 해바라기는 울타리를 버팀목 삼아 위로 곧게 뻗었다. 여주
와 수세미도 주렁주렁 매달려서 누군가 열매를 따주기를 기다리는 듯
했다. 울타리 옆에는 계절 따라 피어오르는 야생화들로 얼기설기 매
이고 엮여서 보는 것만으로도 훈훈한 정이 번져 나갔다.

오늘 울타리 같은 작은 외삼촌의 부고 문자를 받았다. 한 분 한 분
씩 차례대로 떠나고 이젠 어머니 형제나 아버지 형제 중에도 몇 분 남
지 않았다. 곧 내 차례가 다가올 것을 생각하면 마치 헐렁한 울타리가

세월을 타고 삭아 드는 느낌이 든다.

우리들의 부모 세대는 울타리 같았다. 돌담처럼 견고하지도 않았고 콘크리트 벽처럼 기대기에 단단한 그런 존재는 아니었다. 다만 거기에 울타리가 있어서 심적인 경계의 구분이 되어주었다. 세찬 비바람이나 재해에 어이없이 쓰러지면 다시 일으켜 세우기 위해 온 가족이 힘을 합해야만 하는 연약한 울타리였다. 그래도 심적으로 의지가 되는 위안의 대상이었다.

젊은 날, 전력을 다해 의기투합하고 노력한 결실로 조그만 재산을 모았을 때, 밤새도록 자축하며 서로의 노고를 위로하고 행복해할 때가 있었다. 그런 작고 소박한 행복에 찬물을 끼얹는 지인들을 보면서 기운이 빠질 때가 있었다. 콘크리트 담처럼 강력한 재력을 가진 부모의 유산이나 지원을 받는 지인들을 볼 때가 그런 경우이다. 애써서 일궈놓은 젊은 혈기의 땀과 피가 한순간 녹아내리는 맥 빠지는 현상 같았다.

은근히 불만을 드러내 놓을 때마다 그는 뜨거운 포옹으로 위로하고 격려해 준 사람이었다. 당신의 피와 땀이 녹아 있는 지금 이 결과물이야말로 진정한 가치의 울타리를 세우는 일이라고 지지해 주었다. '참 대단한 우리 색시'라는 과분한 애칭까지 붙여 주며 사랑해 주었다. 어쩌다 불로소득의 재벌 상속자 지인들을 본다. 내 안의 평화가 흔들린다. 내면의 평정을 유지하기에는 수련이 많이 부족할 때였다.

튼튼한 윗대로부터 든든하게 받은 사람들은 출발선이 확연히 달랐다. 그래도 열심히 따라잡으려고 노력했지만, 그들이 즐기는 세상 놀이는 우리가 겪어내는 세상살이와 점점 격차가 벌어졌다. 학창 시절에는 비슷한 생활을 하는가 싶더니 갑자기 상속을 받으면서 회장으로 승격되고 삶의 격이 달라졌다. 반면, 우리는 세상을 전투에 임하듯이 의기투합하며 살았다. 덕분에 부부 금실이 좋다는 말을 자주 들었다. 허튼일에 신경 쓸 여가 없이 정도만을 걸었고 잃지 않기 위해 과욕하지 않고 신중하게 결정하며 살았다. 그 길이 가장 안전하게 보호해 주는 장치라고 믿었다. 씩씩하고 근면하게 살아가는 부모의 모습을 보면서 우리 아이들도 성실하게 잘 자라주었다. 양가 부모님들도 우리의 모습에 칭찬과 격려와 신뢰를 보내주었다. 불안했던 부모님 세대를 보면서 나의 자식들에게는 든든한 담이 되기 위해 살아야 한다고 생각했다. 애를 쓰다 보니 양가 부모님들에게도 든든한 담이 되었다.

인생의 후반부에 들어섰다. 재력가 부모의 후원을 받았던 주변 친구들의 경제력과 명예, 권위와 비슷하게 되었다. 그러나 그들과 우리의 이야깃거리는 사뭇 다르다. 그들에게는 애틋함이나 측은지심은 보이지 않는다. 애틋함이나 측은지심은 불우하고 불리한 환경에서 생성되는 동지애 같은 감정들이기 때문이다. 편안하고 조용하게 살아온 그들의 밋밋한 서사에 비해 우리 식구들의 이야기는 재밌는 소설과 같고 흐뭇하고 보람된 얘기가 가득 담겨있는 드라마였다. 마치 단맛만 나는 수입 망고스틴에 비해 새콤하고 달콤하며 코끝이 찡한 신토불이 홍옥이나 복숭아 맛과 같다. 그 성취의 쾌감은 새로운 신대륙을 발견했을 때의 환희와도 같다고 느꼈다.

미국에서 학업을 겸하느라 아이를 키우기 힘들어 성모상 앞에 두고 왔다가 찾아온 어설픈 철부지 부모 이야기, 기대하지 않았던 아이가 더 잘된 반전의 이야기라든지, 제일 예쁘고 잘난 아이의 늦은 사춘기 반항 때문에 겪었던 쓰라린 이야기, 조부모를 위해 아이들을 희생시킨 이야기, 나이보다 더 오래된 중고차로 프리웨이를 달리다가 할리우드 카퍼레이드용으로 쓰겠다고 해서 살 때보다 더 비싼 돈을 받고 멕시칸에게 팔았던 이야기 등등. 나에겐 외롭고 심심할 수 있는 노후의 겨울밤을 이불 덮고 누워서 도란도란 정겹게 회상할 경험들이 이야기 상자 안에 가득 들어있다. 누구도 훔쳐 갈 수 없는 재밌고 흐뭇한 재산이다.

깜찍한 나팔꽃, 여주 수세미도 주렁주렁 매달릴 수 있었던 울타리처럼 우리들의 얘기가 주렁주렁 달린 나의 울타리가 있다. 내가 엮어놓은 울타리는 긴 세월 동안 쌓아온 경험과 체험들의 기억을 재밌는 영웅담으로 나눌 수 있다. 때로는 젊은 세대가 어려운 선택의 갈림길에 있을 때 그들에게 간접경험을 빌려줄 수 있는 든든한 지혜의 울타리도 되어줄 수 있을 것이다.

조만간 막아 놓은 울타리를 다시 걷는 작업을 해야겠다. 이웃과 나를 격리하는 담이 아니라 소통하는 울타리를 찾기 위해서다. 내가 가꾼 소담스러운 정원을 지나가는 이웃들이 즐기도록 나누기 위해서다. 울타리는 은근하고 암묵적인 보호 장막이면서 이웃과 나눠 갖는 정서적인 배려여야 할 것이다.

# 반풍수 ❀

반풍수가 집안 망친다. 반풍수란 풍수를 어설프게 아는 사람을 의미하는 말로 세조 때의 양반들로 그 예를 들 수 있다. 풍수를 여러 해 동안 공부하면서 늘 의문을 갖게 된 것 중 하나는 단종 사화 때 세조의 심리 상태였다. 드라마에서도 세조가 심적 갈등으로 인해 고통의 시간을 보낸 것으로 묘사하고 있긴 하다. 한 이십여 년 전부터 전공과 관련하여 풍수를 공부하게 되면서 세조의 진실이 궁금해졌다.

요즘도 '세조가 과연 왕권찬탈의 의지가 있었느냐 아니냐'에 대한 사학자들의 토론은 결론을 못 내리고 있다. 풍수적으로 풀어보면 왕권을 찬탈하기 위해 철저한 준비를 하였고 왕권을 차지하고 난 후에는 권력을 유지하기 위해 애썼다는 것을 알 수 있다.

풍수에서는 발복하도록 해주는 중심점을 혈穴이라고 하고 혈 자리 앞에 있는 마당을 명당明堂이라고 한다. 흔히 말하는 명당이란 말은 그 의미가 잘못 전달된 것이다. 제사가 끝나고 나면 모여 앉아서 담소를 나누는 자리이다. 집안이 좋은 가문일수록 역모의 그물에서 벗어나기가 어려운 법이다. 옛날에는 삼촌과 조카 사이에도 벼슬을 하고 있으면 오해받을 일을 만들지 않기 위해 자주 만나는 것을 삼갔다고 한다. 그것이 공식적으로 허용되는 곳이 있었으니 그곳이 바로 무덤 앞이었다. 조상님의 제사를 지내고 난 뒤 집안 어른들을 만난 자리에서 담소하는 것은 지극히 윤리에 합당하기 때문이었다. 이유가 그러하니 그런 자리를 밝은 대낮에 만나 담소할 수 있는 자리이니 명당明堂이라고 할 수밖에 없다. 사실은 사람들이 명당이라고 부르는 것은 바로 혈 자리라고 하는 발복하는 자리를 잘못 알고 일컫는 것이다.

세조의 형인 문종 임금이 병약하여 곧 임종이 다가올 것을 예견하고 미리 왕릉 터를 보러 다니게 된다. 그는 주독야풍晝讀夜風을 한 사람이었다. 낮에는 학문을, 밤에는 풍수를 읽히며 형보다 나은 자신이지만 갖지 못한 왕위 계승의 꿈을 저버리지 못했다. 그는 곧 승하할 문종의 왕릉 터를 찾아 나서는데 좌선용으로 풀면 자손의 건강과 영화가 오래 갈 수 있는 묏자리라며 택하여 놓는다. 이것은 밤중에 남몰래 풍수를 익히는 사람이 많았던 그 시대의 정승들에게 세조는 말발로서 풀이하여 설득시켰을 것이다. 사실은 그 혈 자리는 좌선용左旋龍이 아니라 우선용右旋龍으로 풀어야 하는 혈 자리라고 할 수 있다.

혈 자리를 풀어보면 그곳은 자손들이 단명하고 패가망신하는 자리라고 한다. 동시에 자신의 묏자리를 미리 잡아 두고 있기도 했다. 그의 묏지리는 권력을 쥐는 자리, 자손이 번성하는 자리였다. 그와 한명회가 모의해서 단종을 폐위시켰으나 꿈에서 문종비가 나타나 침을 뱉었던 자리에 종기가 번져서 평생 고생을 하고 조카를 살해한 양심의 가책으로 오랫동안 괴로워했다는 사실도 익히 들어 알고 있다. 정말 그것이 진심이라면 세조는 권력보다는 가족 화평과 우애 쪽으로 혈자리를 찾아봐야 하지 않았을까.

그의 찬탈 의지를 완벽하게 뒷받침해 주는 것은 그의 유언이다. 자신이 죽어서 빨리 썩어서 발복해야 하니 병풍석조차도 쓰지 말라고 명했다 한다. 사람은 죽을 시간이 다가오면 누구나 진심으로 소망하는 것만을 말하게 되어 있다. 권력 유지가 다급하게 느껴졌으니 죽으면서까지 발복을 당부했을 것이다. 세조와 한명회 그들의 치밀한 사전 계획이 분명한 왕권찬탈 음모로 각인되게 하는 사실이다.

중요한 것은 그 시대의 벼슬하는 반풍수들이 문제였다. 세조의 속마음이 얼마나 음흉한지 알고 있었음에도 세조의 풍수 이론에 대해 아무도 반박을 못 할 만큼 풍수를 알긴 하되 제대로 알지 못하였다. 그것은 후일 단종 임금을 폐위하게 만드는 불충마저 저지르게 된다.

미국에서 반풍수를 경험했던 기억이 있었다. 초등학생 아들이 수영을 마치고 혼자 남아서 연습하고 지켜보고 있었다. 관중석에서 지켜본 뒤 소견을 말하고 있을 때였다. 옆에서 한 남자의 고함지르는 소리가 들렸다. 평형을 그런 식으로 하면 되냐고 야단치는 소리였다. 유난히 싸우는 것처럼 들리는 중국인의 억양의 특징도 있겠지만 무척 흥분한 듯 보였다. 그 남자는 옛날에 배운 자신의 수영 방식으로 자기 딸에게 자세가 틀렸다고 다시 하라며 야단을 치고 있었다. 요즘 달라진 영법이 속도감을 더 나도록 한다고 코치가 알려줬다. 코치 선생님은 아이가 잘못된 습관이 있어 영법을 고치기가 힘들다 했다. 그 아버지는 코치가 가고 난 뒤에 왜 그런 식으로 하냐며 다시 자신이 아는 자세로 돌아가게 가르치려고 애썼다. 비싼 교습을 왜 시키는지 궁금할 정도였다.

반풍수 생각이 났다. 개그 같은 상황에 터져 나오는 웃음을 겨우 참았다. 어쩌면 우리들의 모습을 보는 것 같아서 그런지도 모르겠다. 살아가면서 짧은 경험으로 조금씩은 할 줄 알기 때문에 누구나 저지르기 쉬운 실수라는 생각이 들었다. 반풍수들은 모든 것에 대해 아는 것처럼 날뛰고 큰소리를 쳐대기도 한다. 겸손할 줄 모르는 우리들의 알몸을 보는 것 같았다. 센 말발과 목소리만 크면 통하는 것으로 착각하기 때문이 아닐까. 이유라도 들어주고 조언을 하는 것이 우선순위일 것이다. 관중석에서 꼼꼼히 지켜보면서 아들의 수업을 청강하는 것이 나을 듯했다. 아이가 배우는 동안 그 아버지는 수영장 안에 있는 온천에 몸을 담그면서 학부모들과 수다를 떨고 있었다. 그러니 상황 파악이 안 된 남자는 힘들게 배우고 난 아이에게 엉뚱한 소리를 해댄다.

아이의 운동하는 모습이 그다지 행복해 보이지 않았다. 처음에는 좋아했으나 아빠의 불편한 소리를 듣고부터 침통한 표정으로 바뀐 지 몇 주째 되었다. 그 아버지는 "돈만 쓸데없이 버리는 건 아닌지 모르겠다."라며 실력이 늘지 않는다고 한다. 코치가 가르쳐 놓으면 아빠가 다시 되돌려 놓고 바꿔놓으면 다시 시작점으로 데려다 놓는 반복을 거듭해서 일삼으니 그럴 수밖에 없다. 반풍수 아빠. 차라리 아는 것이 없다면 자식이 복습하는 모습을 그저 바라보며 믿고 기다려 주는 아버지가 되는 편이 자식을 더 잘 키울 수 있지 않을까.

# 빛과 소금 ✿

호수 같은 바다를 만난다. 그때가 어두운 밤이라면 더 좋다. 해운대 해안을 둘러싸고 있는 화려한 빛 잔치에 흠뻑 취할 것이다. 달맞이 전망대에서 바라보는 바다를 둘러싼 반짝이는 조명과 건물들의 자태는 나에게 빛과 소금이 되라는 말을 떠오르게 한다. 빛처럼 세상을 비추고 소금처럼 오염시키지 말고 썩지 않게 하라는 말이다.

소금은 나를 녹여서 그들에게 흡수되어야 할 것 같고, 빛은 지금 내 모습 그대로 비춰주면 될 것 같으니 후자가 내겐 더 맞을 듯하다. 밝은 내 모습을 비춰 타인을 배려한다는 마음으로 봉사활동을 하고 있다. 살아가는 일이 그다지 녹록하지는 않지만 좋은 마음으로 시작한 일에서도 어느 곳에서나 복병을 만나기 마련이다. 일이 맞지 않을 수도 있고 사람과 맞지 않을 수도 있으며 환경적인 조건도 맞지 않을 수 있다. 산다는 것은 욕망을 키우는 것이지만 때로는 욕망을 내려놓게 하는 그 어떤 믿음이 욕망의 부질없음도 깨닫게 해준다. 거저 받았으니 감사하게 되고 또 거저 나누게 되는 단순한 기쁨을 겪으면 이기심과 욕망이 정화되는 것 같다. 무심코 살아왔던 세월이었지만 더 어려운 환경과 마주치게 되면 그 무심한 세월 속 내 인생 속에 등장했던 인물들에게 오히려 깊은 감사를 느끼게 되기도 한다.

봉사하기에는 음악과 상담이 제격인 것 같았다. 전문적인 실력으로 음악 봉사를 하기 위해 음악의 다양한 장르를 개인 지도까지 받아 가며 열성껏 했다. 성악을 주로 했지만, 보컬 그룹, 생활 성가까지 하다 보면 그룹 사람들과 서로 조화를 맞춰야 하기에 쉽지만은 않다.

상담도 그렇다. 남의 말을 들어 주는 일만큼 힘든 일이 없다. 남들이 쏟아내는 흉이나 험담을 들어주는 것은 마치 내 귓속에 더러운 쓰레기를 담아두는 듯한 느낌이 든다. 그 쓰레기는 독가스를 품어내고 내 몸까지 악취가 배게 하는 것 같다. 말이라는 것이 유해할 때가 많다는 것을 느낀다.

집착한다는 것은 상대를 숨 막히게 한다. 자기식의 모습으로 될 때까지, 그것에 얽매이고 스스로 속박한다. 가장 가까이 있는 사람의 모습에서 미운 점을 발견하고 스스로 힘들어한다. 자력을 지닌 자석에 쇳가루가 자연스럽게 붙게 되는 것처럼 사람도 찾아올 때까지 일부러 찾아가지도 애써 찾지도 말았으면 좋은 것이 인간관계다. 적당히 사랑하고 적당히 먼 거리에 떨어져서 적당히 바라보고 적당히 느끼며 사는 것이 더 나을 것이다.

종종 '요즘 아이들'이라며 부정적인 말을 하는 기성세대들을 만난다. 그 젊은이들을 키워낸 당사자들이면서 가책 없이 내뱉는 말을 듣고 있으면 나조차도 불편하다. 완성되어 가는 과정으로 이해해 주면 어떨까. 우리도 젊은이였고 우리들의 어른들로부터 그런 말을 수없이 들으며 지금에 이르렀다. 소크라테스가 투옥되었을 때의 죄명은 '젊은이들을 타락시킨 죄'이다. 그때도 젊은이들이 문제아였지만 세상은 멸망하지 않고 발전을 거듭해 가며 지금에 와있다.

안톤 슈낙의 수필집 '우리를 슬프게 하는 것들'에서 보면 숱한 세월이 흐른 후 문득 발견된 아버지의 편지에는 이런 사연이 쓰여 있었다. "사랑하는 아들아. 네 소행으로 인해 나는 얼마나 많은 날을 지새웠는지 모른다." 대체 나의 소행이란 무엇이었던가.

안톤 슈낙처럼 자신도 모르게 기성세대를 힘들게 하고 서운하게 하는 것이 청춘이다. 젊은이들 탓으로 돌리는 이들에게 묻고 싶다. 이 지구를 오염시킨 것은 젊은 새싹들이 아니라 기성세대 아니냐고. 젊은이를 탓하지 말자. 그들은 우리 기성세대가 살아온 환경과 사회구조보다 훨씬 불리한 상황에서 살아가고 있다는 것을 기억해 주었으면 좋겠다.

정신지체아들에게 미술 심리치료 봉사하러 다닐 때의 일이다. 복지관에 갔던 첫날, 분위기는 참으로 살벌했었다. 대상은 30대부터 중학생 정도의 다양한 연령층이었고, 얌전한 상태부터 음식을 보면 맹수처럼 과격하게 달려드는 증상까지 다양했다. 다 같은 지적장애인들이면서도 고등학교까지 졸업한 '고학력자'라며 다른 지체자들의 행동을 보면 "치, 치" 해가면서 무시하는 등 각양각색이었다. 나를 경계하는 듯 눈빛들도 무서웠다. 혹시라도 모를 사태에 긴장하고 진땀을 흘리며 봉사를 겨우 마쳤다.

어느 날, 수업하러 들어가자 유달리 내게 반갑게 인사하고 방긋방긋 웃으면서 반겨주는 것이 아닌가. 뜻밖의 일이었다. 생각할 겨를 없이 미술치료 상담에 들어갔다 나오면서 문득 거울에 비친 내 모습을 보고 비로소 깨달았다. 그들이 변한 것이 아니라 내 변한 모습을 보고 그들이 밝게 대하게 된 것이었다. 첫날 그들을 조심스럽게 경계하며 대하던 나의 행동을 그들은 최소한 동물적인 감각으로라도 알아차리게 된 것이다. 모든 것은 내 탓이었다.

　시대가 바뀌어 새날이 되면 빛에 의해 어둠은 밝혀지기 마련이다. 정권교체가 될 즈음에는 정치보복으로 인해 생기는 안타까운 자살자들도 있다. 재판을 받고 구형이 정해지더라도 끝까지 책임을 다하는 모습을 볼 수 있으면 얼마나 좋을까. 그를 보며 꿈을 키우고 있던 고향 후배들을 떠올리면서. 억울한 누명이라면 끝까지 밝혀내는 모습도 필요하다.

　살아가는 동안 고해성사를 하듯 세상 젊은이들에게 죗값을 치르는 모습을 보여주는 태도는 또한 훌륭한 모습으로 존경받게 되지 않을까. 어디 출세한 사람만 빛나는 사람일까. 자신의 잘못을 사죄해 나가는 과정이야말로 인간이 가진 존경할 만한 빛나는 모습이다. 그것이야말로 삶 속의 빛과 소금의 역할이다. 불완전한 인간에게 실수는 당연하다. 출세를 향해 달릴 때보다도 실수를 만회하고 회개하는 과정에서 원숙한 모습을 보이는 것이 어른의 모습일 것이다.

　우리들의 삶은 이륙할 때보다 착륙할 때가 더 중요하다. 안전하게 내려앉아야 한다. 인간이 그리움과 설렘이 없다면 죽은 나목과 같다. 그리움이란 더 나은 미래를 향한 몸짓이다. 미래를 향해 우리가 해야 할 일은 미래세대들을 위한 빛과 소금의 역할을 하는 것이다. 그것이 미래를 향해 설레는 그리움의 몸짓이다. 우리가 살아가는 뒷모습에는 책임을 져야 할 온갖 표정을 지니고 있다.

# 흙 같은 인생 ✿ 10월이 오고 있다. 초가을에

접어들었음을 알려주는 달이다. 연일 하늘은 맑다. 바람은 귀 뒤로 넘긴 머리카락을 살랑살랑 흔들어 대고 기분 좋게 얼굴을 간지럽힌다. 땅에 돋아난 모든 식물, 나무든 풀이든 농작물이든 땅에서 솟은 것들은 지금 물기를 서서히 걷어 가고 있다. 열매엔 단맛이 깊이 스며드는가 하면 이파리는 살짝 시들어 가고 알곡은 탱탱하게 여물어 간다. 물기를 말리는 바람은 땅 위에 흔적을 낱낱이 남기고 지나간다.

무심코 불어 대는 바람과 빗방울, 태양의 마지막 짙은 구애도 흙 속 깊이 기록하여 담아 둔다. 땅은 지난밤 강렬했던 태풍의 모습도, 잠깐 스쳐 지나가는 매일의 일상적인 그림자조차도 무심코 지나친 적이 없다. 바람결 따라 태양의 각도에 따라 흔들리며 움직이는 동선조차도 정확하게 새겨 놓는다. 생명의 흙이다.

가을이 깊어질수록 결실과 흔적들이 후드득 떨어지며 모든 집착과 미련을 땅에 내려놓을 때 그것들을 자비롭게 품어주는 것이 흙이다. 덮어주기도 하고 때론 땅 위로 솟아오르게도 하고 자신 있게 용기를 주며 내뿜어 주기도 하는 흙이다.

뼛속까지도 투명하게 말려 버릴 것 같은 햇살 아래 넓게 펼쳐진 가로수 길을 걸어가면서 젊음의 서정이 여전히 변하지 않았음을 실감한다. 가슴이 떨림을 느꼈으니까. 투명하며 맑고, 쓸쓸하며 아리고, 두근거리며 허전한 중에서 삐져나오는 벅찬 공허와 쓰라린 허무를 매번 겪으면서도 매년 새삼스러운 이 감정을 어찌해야 할지 모르겠다. 뭐라고 표현해야 이 상황 속의 나의 상태를 전할 수 있을지 아직 그런 기술을 터득하지 못해서 안절부절못한다. 이 정서와 감정을 표현할 수 있는 세상의 언어가 턱없이 부족함을 느낀다.

오륜대 황톳길을 걸었다. 양말을 벗고 쑥스럽게 드러낸 나부 같은 발가락을 노란 황토 속에 파묻고 걸어본다. 발가락 사이마다 간지럽히듯 쓸어주는 황토가 포슬포슬 정겹다. 어린 시절 뛰놀 때는 마냥 모르고 접했던 흙을 인제 와서 좋다고 일부러 찾아와야 하는 시대가 오고 보니 새삼스럽게 흙의 소중함도 생각해 본다. 정을 나누고 싶은 마음에서 키우던 화초나 허브를 작은 화분에 담아 분양하려 할 때도 땅을 가진 내가 흙을 사서 채워 넣어야 할 만큼 귀하신 몸이 될 줄 짐작이나 했을까. 초가을의 갈팡질팡 흔들리는 감정을 황톳길을 걸으면서 마음의 화분에 채워 보는 그런 산책길이다.

결혼 초기에 우연히 사주를 보게 되었다. 나는 흙의 기운을, 남편은 나무의 기운을 타고 났다고 되어 있었다. 언짢았다. 흙은 나무가 뿌리를 내리고 터를 잡아 주는 역할이다. 흙의 기운을 타고난 내가 나무의 기운을 타고 난 남편을 위해 희생해야 한다는 뜻으로 들렸다. 출세하고 싶은 욕망이 가득 찼을 때여서 사주를 부정하고 싶은 마음뿐이었다.

같은 직장 생활을 하니 동격의 의식이 잠재했던 터라 경쟁의식을 느꼈다. 공동운명체라는 의식이 생기기 전이었다. 전업주부였더라면 생각이 달라졌을지도 모른다. 여자라는 이유로 직장 생활 중에도 환절기 때마다 양가 부모님들 보양식과 노화에 관련된 영양 정보를 챙기랴, 아이들 4명 재능을 지도하느라, 아침마다 남편 머리와 얼굴, 패션을 다듬고 신경 써주며 최선을 다했다. 그런 생활에 집중하다 보니 나의 지인들과는 자연히 멀어져 갔다. 열심히 공을 들이며 살았지만, 시댁에서 그 정도는 당연한 의무라며 그 이상을 요구당할 때는 억울함이 밀려왔다.

아무리 거부했어도 나는 결국 그에게 온전한 흙이 되고 말았다. 한동안은 그 상황에 적응하느라 힘든 시간을 보냈다. 다양한 예술적 재능을 가진 내가 많은 것들을 포기한다는 것은 운동 세포가 죽어가는 루게릭병 같은 것이다. 힘들긴 해도 적응해야 했다.

흙이 되고 보니 세상에는 그보다 더 다른 가치의 삶이 있음을 뜻밖에도 알게 되었다. 본격적으로 경제적인 투자에 눈을 뜨고 재미있는 문화생활도 해보았다. 전략이 중요한 아이들의 입시에 집중할 수 있는 시간이 허락되었다.

반면 프로스트의 가지 못한 노란 길을 항상 갈망하고 있었다. 막내까지 대학 진학시킨 이후에는 언제나 소망했던 재능을 다시 찾는 기회를 얻게 되었다. 주변을 돌아볼 수 있는 여유가 생겨 재능 봉사활동도 열정적으로 할 수 있으니 사는 참맛도 알게 되었다. 주연은 아니어도 흙처럼 훌륭한 조연 같은 역할도 보람찰 때가 더 많음을 깨달았다.

가을 운동회 날 사 온 병아리를 베란다에서 키운 적이 있다. 큰 닭으로 잘 자랄 때까지 계분을 처리해 준 것은 흙이었다. 계분 위에 덮어둔 흙은 냄새를 사라지게 하고 화분의 거름으로 사용되어 덕분에 화초까지 튼실하게 잘 자랐다. 식물에는 의식주와 같은 흙이다. 흙은 냄새나거나 더러운 것도 덮고 조용히 잠재우고 있다. 신기하기도 하고 자비롭기도 하다. 바람이 불어와도 비가 내려도 인자하게 받아 줄 뿐이다. 그들이 흘리고 간 기억들도 고스란히 받아 준다. 시각이 놓쳐버린 아주 작은 일렁임까지도 기억해 주는 것이 흙의 사명인가 보다.

땅 위의 모든 것이 떨어지고 점점 사라지는 가을이다. 흙은 그것을 모두 덮어주고 품어서 다시 봄이 되면 새 생명이 태어나도록 세상에 내보낸다. 세상의 절기는 어김없이 바뀌고 거부할 수 있는 것이라곤 아무것도 없다. 흙이 단단히 다져져서 만들어 놓은 기암괴석의 절묘한 풍경은 각각 개성이 다른 사람이라고 할지라도 똑같이 감동을 연발할 수 있도록 하는 놀라운 능력도 갖췄다.

가장 낮은 곳에서 높은 곳까지 인류의 위대한 업적을 만들어 내는 흙의 존재를 등한시하지 말자. 가혹하지만 감미롭기도 한가을의 뜨락 앞에서 흙에 대한 경외심을 갖게 된다. 만나고 나면 기분이 밝고 좋아지는 사람, 기왕이면 기분 좋은 여운이 일주일 이상 지속하는 사람이 되고 싶다. 흙처럼 모든 것을 품어주어 상처 치유를 돕는 사람, 새 생명도 탄생시켜 주고 죽어가는 생명을 살리는 사람. 그런 흙같이 좋은 사람이 되어가고 싶다.

# 팜 주메이라를 보면서 ❁ 과연 인간의

능력은 어디까지일까. 그 능력을 시험하기 위해 확장하다 보면 결국
에는 바벨탑 짝 나는 것은 아닐까. 세계 최고층 164층 높이의 부르즈
칼리파 테라스에서 바라보고 있으면 입이 쫙 벌어져 환성이 나올 수
밖에 없지만, 한편으론 슬며시 두려움이 스멀스멀 올라온다.

　팜 주메이라는 야자수 모양의 단순화된 무늬를 그린 두바이의 인공
섬이다. 20여 년 전에 홍콩대학과 일본 교토대학의 외국인 학자 숙소
가 있는 인공섬에 각각 한 달씩 머물 기회가 있었을 때도 세련된 도시
형태를 갖춘 섬에 놀랐었던 적이 있었다. 팜 주메이라는 그때의 놀람
이나 신기함을 뛰어넘어 더 이상의 감탄사를 끌어낼 수 없을 만큼 놀
라운 경지를 보여주었다.

　돌산을 깎은 암석을 바다에 쏟아부어 만든 인공 섬이다. 야자수 모
양의 섬 형태를 예측해 가면서 섬세하게 쏟아붓는 작업은 얼마나 경
이로운가. 바다에는 파도와 이안류 같은 조류현상이 있어 예기치 못
한 자연의 변수가 허다하다. 계산이 정확하게 맞아떨어져야만 행동하
는 과학자들이나 수학자의 머릿속에서는 절대로 저런 일을 상상하거

나 기획할 수 없을 것이라는 생각마저 들었다. 자칫 무모하다고 생각들 정도의 상상력이 풍부한 사람, 혹은 막무가내식의 행동파, 또는 반드시 진행해 내고야 마는 고집 센 사람만이 시작하고 이룰 수 있는 일이라고 생각했다.

인공섬은 대추야자 나뭇가지의 잎 모양에 호텔과 빌라촌, 호화로운 개인 저택, 리조트가 들어서 있다. 대추야자의 외곽에 둥근 모양의 해안을 만들어 마을과 해변을 큰 파도로부터 안전하게 보호해 마치 평화로운 해안이라고 느낄 수 있다. 섬 안에는 구역별로 편의 시설과 도로망, 최상급 조경, 리조트나 빌라촌과 개인 주택도 수영장과 비치를 갖추고 있으며, 요트가 정박해 있는 모습이 보인다.

두바이에 오는 관광객들은 결국 저 위용을 내려다보기 위해 찾는 것이 아닐까. 줄을 서서 보고 가는 관광 수입은 얼마며 건축 개발과 유지, 보수에 필요한 인력들이 창출하는 일자리의 규모는 얼마나 방대할지 상상이 어렵다. 세계적인 재력가나 유명인들에게 분양을 마쳤고, 이어서 두 개의 인공섬 팜 제벨 알리, 팜 데이라를 연구, 개발 중이라고 한다. 그뿐만 아니라 캡슐을 이용한 터널 속 자기부상을 이용한 비행기 속도의 교통수단도 연구하고 있다고 한다. 미래의 주택과 건강 먹거리에 관한 연구도 개발 중이라고 하니 가히 놀랍다. 최고, 최초, 최상, 최대 등 세계적인 베스트 탑이라는 수식어를 많이 보유한 곳이 두바이다.

대통령과 야당이 대치하는 혼란스러운 한국 현실을 보며 이런 과감한 도전이 국내에서 가능할지 의문이 생겼다. 이런 대규모의 복합 프로젝트를 한국에서 제안한다면 사람들은 황당하고 터무니없는 소리 말라고, 그게 말이 되느냐고, 쓸데없이 불가능한 일을 꿈꾸지 말라고 할 것이다. 정치인들은 마치 사체를 뜯어먹는 독수리처럼 죄다 한마디 이상 할퀴면서 비난하지 않을까.

대통령직과 동시에 왕을 맡고 통솔하는 두바이의 사회구조 특성상 가능하지 않았을까 생각해 본다. 놀라운 상상력이 기적을 이뤘다. 갖춰진 환경 속에서 자라 교육받을 수 있었던 자였기에 가능하지 않았을까 생각해 본다. 만약 한국에서 소위 금수저 아니, 국왕처럼 다이아몬드 수저 같은 출신이 정치에 나선다면 사람들은 그를 어떻게 받아들일까. 그의 능력과 쌓아 놓은 공적을 보지 않고 무조건 가졌다는 이유만으로 '가진 자가 권력도 가지려 한다'고 적대감부터 먼저 품지는 않을는지.

한국의 정치인들은 말도 많다. 그렇다고 국민은 말이 적은가. 어느 당에서 선출되든지 대통령을 비난하며 비하하고 비아냥거린다. 축구 게임을 뛰어 보지 못한 사람들이 축구 시합 중계방송을 보면서 대표 선수들에게 '못한다', '바보 같다'고 비난하고 욕하는 것과 같다. 확실한 것은 표현의 자유가 보장된 대한민국은 민주주의 국가임이 틀림없다.

정의로운 사회, 평등한 사회, 능력 있는 사람들이 잘 사는 사회를 외쳤던 사람들은 국회의사당에 입성만 하면 줄서기에 여념 없다. 파벌 계파싸움에 빠져 상대편이 무조건 틀렸다고 주장한다. 자기편을 위한 조건 없는 방패가 되어주는 것을 보게 된다. 집단 속에서는 사람들이 쉽게 악인이 될 수 있다. 즉 우리는 개인일 때 가장 창의적이고 가장 용기 있는 의로운 주체일 수 있다.

한국 정치는 대체로 '정치 혐오'라는 감정을 바탕에 두고 있다는 특징이 있다. 그동안의 한국 정치인들은 정치적 네트워크를 형성해 왔고 자기 계파의 사람을 밀어주고 챙겨주는 생리가 만연해 있다. 그 과정에서 얼마나 많은 부패와 비리와 불공정이 배태되었을까.

실용주의적이고 능력주의를 표방했던 정권들이 있었으나, 그들 역시 신파조의 짠 내 풀풀 나는 동정과 눈물을 요구했던 정치인들이었다. 어린 시절 찢어지게 가난함을 극복했고 초인적인 인내심으로 노력하여 입지전을 쓰며 입신양명했다. 그게 먹혔기에 그런 인간승리의 서사적 사연을 내세운 정치인들이 권력을 쥐었다. 범죄와 비리를 저지르고 갖가지 비리의 의심을 여전히 받고 있어도 대권 주자로 떠오를 수 있다.

그 시절은 그래도 신화를 쓰는 것이 가능한 시대였다. 만약 두바이처럼 우리나라에 왕권에 버금갈 만한 사람이 대통령이 되고자 하면, 대중들의 반응은 어떨까. 만약 그자가 대통령이 되어 팜 주메이라 같은 어마어마한 대형 프로젝트를 수행하겠다는 아이디어를 제안한다면 야당은 어떤 저항을 할까. 예산 삭감을 요구하지 않을까. 발목을 잡고 다리를 걸어서 엎어지게 하고 자빠뜨리지는 않을지. 탄핵이라는 카드를 꺼내며 자꾸 흔들어 대지는 않을지.

국민은 이미 신화를 쓴 입지적인 인물들을 경험했기에 대통령이 되었다 해도 순수하거나 선하리라 기대하지 않는다. 또한, 선거를 치르고 있는 정치인들의 웃는 얼굴이 진심일 거라는 기대도 하지 않는다. 우리도, 아니 나를 지켜줄 강한 집단과 실력 있는 통솔력으로 가성비 있는 질 높은 행정 서비스와 정치적 보상과 위안을 받기를 바라고 있다.

팜 주메이라 같은 초대형 프로젝트를 제시했을 때 황당하게 느껴질지라도 정치인뿐만 아니라 각계의 전문가들이 머리를 맞대었으면 좋겠다. 과학적 통찰력과 수학적 경영학적 측면의 논리와 창의적인 여유로움을 첨가해 긍정적으로 논쟁할 수 있는 사회가 되기를 바란다. 조상을 잘 만나서 저절로 돈을 벌어 먹고산다는 이탈리아나 프랑스를 비롯한 유럽 국가들과 두바이처럼 후손에게 유산을 물려줄 수 있는 환경을 만들 수 있다면 얼마나 좋을까.

이제는 정치 혐오라는 부정적인 사고를 넘는 계기가 있어야겠다. 배고픈 이의 성공 욕구는 자연에서 나온다는 사실을 인정한다면 배부른 자가 성공하려는 욕구도 올바른 철학과 끈기 있는 이성에서 나오게 된다는 것을 인정해야겠다. 좋은 환경에서 교육을 잘 받고 넉넉하고 배부른 환경에서도 나태하지 않고 어긋나지 않게 잘 자라준 사람은 얼마나 훌륭한 이성주의자인가. 무조건 금수저라 치부하는 편견은 자제해야 한다. 그들에게도 긍정적인 에너지와 신중한 여유와 배포가 있음을 인정해야 한다. 이제는 긍정적인 의식을 가진 정치인들이 필요한 사회가 되었다. 젊은 정치 입문자들이 용기를 내고 지도자의 대열을 걷기 시작해 보라는 뜻의 진심을 담아 꼭꼭 눌러 쓴 푸른 초대장을 보내기를 소망한다.

# 이바구길에서 만나고 오다  오늘

아침에도 별이 땅에 떨어졌다. 아까운 사람 하나 목숨을 끊었다. '성희롱도 범죄'라고 처음으로 주장하며 이 땅에 성 의식을 고취했던 사람이었다. 시민운동을 한 인권변호사였고 정치인인 그가 여비서를 성추행했다 하여 고소당했다. 오늘 아침 산속에서 목숨을 끊음으로써 그 파장을 묻어 버렸다. 유명인들이 비리와 관련된 사건이 불거져 나오면 목숨을 끊음으로써 마무리를 할 때 어이없이 실망한다.

각계에서 너무도 유명하고 훌륭한 사람이지만 정권이 바뀌면 어김없이 찾아드는 비보들이기도 하다. 승승장구 잘나가던 시절에 찰나적인 판단의 실수로 혹은 도덕적 불감증으로 인해 비리에 연루되었을지라도 목숨을 마음대로 끊는 것은 아니다. 예전에는 잘 넘어갈 수 있었던 일이거나 예사로 행하여졌던 관행이었지만 시대가 바뀌고 새날이 되면 어두운 것은 밝혀지기 마련이다.

인간이기에 유혹에도 약하고 그런 것을 미처 판단할 능력이 사뭇 모자랄 수 있기 때문이다. 인간이기에 인간을 이해해 줘야 하는 것 아닌가. 설령 재판을 받고 형량이 정해지더라도 끝까지 책임을 다하는 모습이 중요하다. 그가 한창 잘나갈 때 그들의 고향이나 모교 후배들은 그를 보며 꿈을 키우고 있었다는 것을 기억해 주기 바란다. 만일 억울한 누명이라면 끝까지 밝혀내는 모습도 필요할 것이다. 살아가는 동안 고해성사를 하듯 세상 젊은이들에게 죗값을 치르는 모습을 보여 주는 것도 좋은 일이라고 생각한다. 죗값을 치르고 나면 어렵고 힘든 곳에 가서 봉사하는 일도 또한 훌륭한 모습으로 존경받게 될 것이다. 어디 출세하는 인간만이 훌륭한 사람일 수야 없지 않은가.

참 씁쓸한 날이다. 허망하고 실망스러운 이런 날 나에게 어김없이 떠오르는 사람이 있다. 그를 만나러 가는 마음으로 초량 이바구길을 따라 걷다 보면 산꼭대기쯤에 기념관이 나온다. 장기려박사기념 더 나눔센터이다. 생전 박사의 활동 장소는 주로 복음병원이었지만 그를 기억하기 위한 장소는, 아직도 피난 시절의 모습이 조금씩 남아있는 골목길 동네에 소박하고 아담한 건물을 지어 놓은 초량산 꼭대기이다. 장례식조차도 지내지 말고 송도 앞바다에 뼈를 뿌리라던 유언처럼 생전의 검소하고 겸손한 그의 빈한한 모습과 닮았다.

장기려 박사는 부산에서 나고 자란 인물은 아니지만, 부산을 터전으로 소외된 이웃의 고통을 어루만지고 진정한 봉사의 삶을 살다 간 분이다. 그래서 그에게는 '성자'라는 수식어가 항상 따라다닌다. 간 절제술을 성공시킨 당대 최고의 외과학 선구자, 한국의 슈바이처로서 무료 의원을 개원, 세계가 놀라는 국민건강보험의 효시인 청십자 의료보험조합 설립, 아시아의 노벨상인 막사이사이 사회봉사상 수상 등으로 혁혁한 공적을 남긴 분이다.

어려운 이웃을 위해 월급을 모두 써버릴 만큼 청빈한 박사는 집도 없이 복음병원에서 제공해 준 옥상을 개조한 집에 거처했다. 북한에 두고 온 가족이 있기에 더욱 정성껏 어려운 이웃을 도우려 했다. "내가 그렇게 베풀면 북에 있는 내 가족도 누군가가 도와주지 않겠어요."라고 했다. 사랑은 환원한다는 것을 믿은 분이다. 이산가족 상봉의 기회도 남들을 위해 양보했다.

미국의 사촌 누이로부터 전해 받은 그의 아내 편지도 과연 훌륭하고 위대하기조차 하다. "미안해하지 마세요. 우리는 기도 속에서 항상 만나고 있잖아요. 제가 어려운 일에 부딪히게 되면 항상 기도 중에 당신께 물어보곤 한답니다. 그러면 당신은 언제나 현명한 답을 제게 주더군요. 그렇게 아이들을 키웠답니다." 부부라는 단어는 모름지기 이런 믿음이어야 한다.


장기려 박사는 수많은 봉사를 하면서 평생을 살아갔지만, 그에게는 알려지지 않은 씻지 못할 의료사고도 있었다. 박사는 자신의 의료 실수로 불구가 된 그에게 속죄하는 마음으로 그를 대했다. 평생 자신의 월급에서 그의 생활비를 대주었을 뿐만 아니라 누워있는 그에게서 재능을 발굴하기를 바라며 누워서 할 수 있는 온갖 기구들을 갖춰 주었다. 처음에는 불구의 몸을 갖게 한 박사를 원망하고 저주했지만, 변함없이 정성으로 대하는 박사의 일관된 행동에 감동하여 마음이 차츰 열리고 결국은 그를 아버지로 존경하기까지에 이른다. 결국, 그는 장기려 박사를 향한 감사의 시를 쓰는 시인이 되었다.

장기려 박사는 훌륭한 업적이 많지만 어렵고 힘들더라도 자신의 실수에 대해 속죄해 나가는 과정을 제일 존경할 만한 가치로 꼽고 싶다. 그것이야말로 삶 속의 빛과 소금의 역할이다. 불완전한 인간이 어떤 실수인들 못 하겠는가. 성숙한 사람이라면 승승장구 출세의 가도를 달릴 때보다도 그 실수를 만회해 가는 과정이 더 아름답게 승화되어야 할 것이다.

　내가 봉사활동을 가는 곳 중에 제빵 기술을 습득한 출소자들이 빵을 만들어 파는 곳이 있다. 사회에 적응이 어려워 한곳에 모여 사는 이유도 있다. 교도소에서 죗값을 치르고 나왔어도 기도와 피정이라는 교화 프로그램을 통해서 평생을 반성하는 삶을 살고 있다. 미약한 인간이기 때문에 실수는 할 수 있다. 신은 그런 인간임을 알고 있기에 후회와 반성이라는 단어를 만들어 주었다. 한 인간이 이중적인 잘못을 저질렀더라도 평생을 반성하는 삶을 살아간다면 그 삶이 지독하게도 치욕적일지라도 회개하는 마음으로 봉사하면서 산다면 손가락질하던 그의 적들도 그를 통해 오히려 배우는 겸손함을 얻게 될 것이다.

　장기려 기념관에서 마치 그를 만난 것처럼 가슴이 뛰고 설레었지만 기념관을 나오면서 마음은 다시 착잡해지기 시작했다. 하늘은 유난히 희부연하고 비가 올 듯 잔뜩 찡그리고 있다. 박사의 따뜻한 나눔을 느끼고 왔는데도 왜 마음이 이렇게 무겁고 우울한지 모르겠다. 무소유의 삶을 살다 간 성자는 평생토록 나눔을 살고 갔는데, 평생을 책임지는 삶을 살았는데, 희생이라는 삶을 실천하고 양보했는데, 그랬는데도 우리 세상은 여전히 변하지 않은 것 같아서일까. 이타적인 그이의 삶을 이어가지 않은 이기적인 삶에 대한 송구함 때문이었을까.

　그는 자신을 통해 무엇이 기억되길 바랐을까. 헌신적인 장기려 박사
의 삶과 무소유의 책임 정신을 되돌아보면서 어쩌면 그는 이 세상에
사는 동안만을 생각하고 살았는지도 모르겠다는 생각을 하게 된다.
그는 현재 처한 곳에서 최선을 다해가며 단순한 삶을 살았을 것이다.
그는 우리에게 바라는 것도 원했던 것도 없었을지도 모른다. 현재 내
곁에 있는 사람, 지금 내가 해야 할 일에서라도 정직하고 성실하게 한
다면 장기려의 삶을 조금이라도 흉내 낼 수 있을 것이다.

소박한 일상조차 간절한 이도 있다. 어두운 세상, 하늘의 별을 갖고 싶은 야무진 꿈 하나 갖고 사는 이들에게 일반적인 잣대로 따지는 것은 너무 야박하지 않을까.

- '두 개의 눈금자가 필요해' 중에서

# 6부 두 개의 눈금자가 필요해

물처럼

허리케인

마음의 그릇

민들레를 캐며

창밖을 보는 사람

다르지만 이상하지 않은

두 개의 눈금자가 필요해

**물처럼** 🌸 흙을 파낸다. 연못을 만들어 물을 담아두려고 한다. 집에 물이 있다는 것은 풍수적으로 기의 흐름을 원활하게 하고 정서적으로 안정을 주는 좋은 일이다. 연못을 만들면 잉어를 키우고 노란 창포와 부들, 수려한 연꽃도 키워서 모양 좋게 꾸며볼 생각이다.

물을 채우면서 물처럼 되라고 한 노자를 떠올린다. 가장 유연하면서도 굵고 센 것을 꺾는 데는 물보다 더 뛰어난 것이 없다. 천하에서 가장 부드럽고 약한 물이 천하에서 가장 단단한 쇠와 돌을 마음대로 부린다. 형태가 없는 것이면서도 도저히 파고들 틈도 없는 그 어떤 곳이라도 파고들어 갈 수가 있다. 물은 장애물이 가로막혀 있을지라도 굽이굽이 돌아가며 그 길을 뚫고 가기도 한다. 또한, 물은 모든 것에도 적응한다. 그것을 담는 용기가 어떤 모양이든 네모 모양이거나 원형이라도 관계없이 용기에 따라 자신의 모양을 만들어 가면서 맞춰준다.

몇 년 전 친구가 편하다고 예사롭게 한 말실수 때문에 마음이 상해서 힌동안 보지 않기로 했다. 항상 내가 먼저 연락해서 안부를 묻고 챙겼으니 내가 연락을 끊으면 그분이었다. 한 2년가량 지났을까. 어쩐 일로 친구에게서 문자가 왔다. 그래도 궁금하긴 했었나 보다.

내게 가장 단짝인 친구가 있었다. 지금은 저 하늘로 가버렸지만, 사회생활을 잘하는 듯해서 사람에게도 시집살이도 적응을 잘하는 물 같은 친구라고 생각했다. 그런 그녀에게도 세상은 힘이 들었던가 보다. 암으로 죽었으니 그녀에게 세상은 스트레스였던 것 같다. 내겐 둘도 없는 절친한 친구인데 항상 묻고 싶었다. 내게 최고의 절친인 그녀에게도 내가 최고의 절친한 친구였을까.

온 마음을 다하여 섬기듯이 지성껏 모신 언니가 있다. 우리의 네트워크를 형성해 놓았다고 믿었건만 그 사람에게서 배신을 당하는 아픔을 겪었다. 배신감은 잠 못 들게 했다.

생활과 문화가 다른 집안의 사람과 생활을 하며 지내야 하는 직장 동료들에게서 받는 스트레스도 어마어마했다. 말을 못 해 끙끙대면서 피할 수만 있다면 그러고 싶었다. 매일같이 만나야 하고 토론해야 하고 결정지어야 할 일들이 앞에 놓여 마음의 짐을 지웠다.

사랑만 믿고 결혼한 배우자의 식구들이지만 사랑하려고 해도 사랑해 줄 수 없을 만큼 미운 짓들만 해댄다면, 진심을 왜곡하고 짓밟아 버린다면, 그래서 자존감이 무너져 내린다면 얼마나 지옥인가. 욕심만 채우려고 억지스러운 이유로 반대한 그의 어머니 때문에 난생처음 마음의 문을 열게 한 남자에게 배신당할 뻔한 일. 거식증에 걸려 기도와 물만으로 연명하며 지냈던 죽음보다 더했던 고통의 시간. 그러고도 힘든 마음을 외면한 채 바라기만 하던 무리한 요구. 우울증을 만든 용서하기 힘든 상처.

친구를 나타낼 때 관음이란 말이 있다. 소리만 듣고도 서로의 마음을 알아차릴 만큼 친한 친구를 일컫는다. 영어에는 "Finishing each other make sentences."라는 말이 있다. 마지막 문장을 서로 맺어 줄 만큼 서로가 잘 맞고 잘 아는 사람이라는 말이다. 과연 이 세상에 그런 사람이 존재할 수 있을까. 그런 것을 바랄 만큼 나는 그런 합당한 사람이 되어 있는지 생각해 본다.

해 질 무렵 석양을 향해 차를 몰고 가다가 라디오에서 흘러나온 '엽서 쓰기 좋은 계절'이란 말이 생각에 잠기게 한다. 엽서. 그래, 내게 배신감을 준 그 선배는 어느 수도원에 들렀다가 나를 떠올리며 엽서 한 세트를 사서 단풍잎을 얹어 내게 준 적이 있었지. 그때는 내가 준 것에 비하면 보잘것없는 선물이라고 느꼈지만, 그때 그곳에서 나를 떠올려 준 것에 대해 그만 감동하고 말았지.

서운한 말을 해서 몇 년을 연락 끊은 친구는 힘든 시집살이 중에 단 한 번의 가출 때 달려와 하룻밤을 같이 자고 갔던 고마운 친구 아닌가. 죽은 나의 친구에게 내가 최고의 절친이 아니면 어때. 내가 더 사랑했으면 그만이다. 사랑은 받는 쪽보다 사랑 주는 쪽에서 고통을 감수하는 법이니까. 내게 깊은 상처를 준 그 어른, 이제는 세상을 떠났기에 좋은 기억만 남았다. 미워하면 무엇 하나. 그는 떠났고 나는 살아 있다. 승리는 산 자의 몫 아닌가. 그 역시도 자기만의 방식으로 사랑을 표현하려 한 깃 이니었던가.

되돌아보니 모두가 사랑이다. 내 기억 속의 숲에서 하나씩 실타래처럼 풀어져 나오는 그 사람들에 대한 고마움. 쓸모없이 가만히 있지만은 않았구나. 나의 과거 속에서 살다 간 그 사람들은. 그리고 생각한다. 많이 참아내느라고 시간을 보내긴 했지만 그래도 그들은 결정적일 때 곁에 있어 주긴 했구나. 어찌 남 탓만 할 수 있으랴. 그들에게도 내 허물이 보였을 터. 물처럼 그들의 모양에 맞춰 변화무상하게 살아주면 되었을 것을.

코이라는 물고기는 어항에서 살 때는 아주 작고 어린 물고기에 불과하지만 큰 강물에 내보내면 몸집이 아주 크게 변한다고 한다. 한갓미물에게서조차도 세상의 이치에 따라 자신의 몸집을 불렸다가 줄였다 하며 적응해 가는 법을 배워야 할 따름이다.

비행기를 타고 하늘에서 내려다보면 강은 구불구불 굽이굽이 흘러간다. 직선으로 가도 될 것을 요리조리 돌아가는 것일까. 물은 가장 낮은 곳을 향해서 오래전부터 지금까지 흘러 내려가고 있다. 그것이 비록 돌아가는 길일지라도 순리대로 자연과 주변에 순응하는 방법이다.

세상살이도 순응하면서 사는 것이 좋겠다. 돌아가기 때문에 더 길어질지라도 천천히 관조해 가면서 낮은 곳으로 겸손하게 순응하고 가야 한다. 나의 예쁜 정원에 물을 담는 이 작업을 하는 일은 아픔과 상처 그리고 희로애락의 결정체들을 물에 풀어 놓는 작업일 것이다. 겨우 3.4%의 소금기가 바닷물을 만든다고 하지 않던가. 작은 힘으로도 세상을 순환시키는 유연한 물처럼 마음을 닦아가야겠다.

# 허리케인 🌸

초강력한 놈이 온다고 한다. 미국을 강타한 초강력 허리케인 '로라'가 새벽에 미국 루이지애나주에 상륙한다고 한다. 한국에는 '베리'에 이어 '마이삭'과 '하이선'이라는 강력 태풍이 잇달아 닥쳐오고 있다. 해운대 주변에는 유리창이 깨어지고 창틀이 날아갔다. 지하도로가 순식간에 물에 잠겨서 찻길이 끊기고 차가 잠기는 난리를 겪었다.

갈수록 태풍의 강도는 세어지고 있고 폭우와 기상 이변을 동반하면서 기후변화에 대한 심각한 경고를 느끼게 해준다. '허리케인.' 예전 대학 신입생이었던 시절 봉사 동아리의 동기인 J라는 친구와 영화를 보러 갔었다. J가 무슨 이유를 대어서 같이 갔었는지 기억은 잘 나지 않지만, 영화 제목이 '허리케인'이었다. 내용은 완전하게 기억이 나지 않고 어렴풋하다. 대충 간략하게 줄거리를 정리해 보면 해안가의 원주민 부족이 있었다. 원주민 추장의 아들이 신부를 구하는 내용인 것 같았다.

추장의 아들은 사랑하는 여자가 있었지만, 원주민들은 자기 부족 추장의 대를 이을 추장 아들의 배우자를 고르는 문제를 심각하게 격식을 따졌다. 그런 절차를 거치던 중에 추장 아들의 상대 여자가 무슨 일 때문인지 뛰쳐나가고, 저주의 허리케인이 몰려오는 그 장면만이 기억에 강하게 남는다. 집채보다 더 클 것 같은 파도가 일고 해일이 일어 하얀 물거품과 함께 부족들의 집들이 쓸려나갔다.

그때나 지금이나 세상 이치에 둔해서 내용을 이해를 잘하지 못했었다. 다만, 세상을 모두 싹 썰어 버리고 순수하게 사랑하는 주인공 둘만 남아 손 잡고 걸어가는 마지막 장면이 속이 시원하게 뚫리는 것 같아서 좋았다. 사랑의 승리 같아서 흐뭇했다.

선과 악을 심판하듯이 모든 것을 싹 쓸어가 버리고 정리가 되어 마지막에는 평화와 고요만이 남아서 평온한 석양이 지는 장면이었다. 아직 세상의 구속에 몸부림치며 자유를 갈구하고 순수를 부르짖던 시절이었으니 그 영화의 끝 장면은 내 속을 후련하게 해주었다. 아마도 그만큼 내 속의 어떤 걷잡을 수 없는 역동적 분기가 출구를 찾지 못하고 있었던 모양이었다. 머리를 긁적이면서 괜히 미안하다며 '너무 단순한 내용의 영화를 골랐던 것 같다'라는 J에게 오히려 속이 시원해서 좋았던 영화였다고 했다. 내 의외의 반응에 조금 놀라는 기색이 만연했던 기억이 난다. 그날 밤 영화를 보느라고 집에 늦게 돌아간 나는 속이 후련해져서 그랬었는지 깊이 잠이 들었다.

다음 날 하계봉사 동안 먹을 콩자반을 만들어야 하는 걸 깜박 잊고 있었다. 새벽에서야 문득 기억이 떠올라서 부랴부랴 씻고 준비하면서 어머니께 간곡하게 부탁드렸다. 급하게 하계봉사단의 인원수만큼 콩자반을 만들고 또 그걸 식히느라 선풍기를 틀어대고 난리를 쳤다. 급하게 식힌 콩자반을 용기에 담고 허둥지둥 짐을 챙겨 늦게서야 겨우 시외버스 정류장의 약속 장소로 갔다.

드넓고 시외버스 정류장에는 다른 동아리에서도 하계봉사를 떠나는지 하계수련회를 떠나는지 각 단체가 많아 매우 복잡했다. 우리 동아리 회원들은 이미 차를 탔는지 아무리 둘러봐도 보이지 않았다. 당황하여 우왕좌왕 헤매고 있을 때 천만다행으로 누군가 나를 발견하는 바람에 겨우 버스에 오를 수 있었다. 정말 아슬아슬했던 순간이었다. 허둥대느라 온통 젖은 땀을 닦고 있을 때 하계봉사단장을 맡았던 하늘 같았던 복학생 4학년 최고참 선배님의 경고 한마디. "김미숙, 오늘 저녁 자아비판감이야요."라는 엄포 때문에 가는 동안 줄곧 긴장하고 벌벌 떨었었던 추억이 떠올라서 잔잔한 미소를 짓게 한다.

예전 카트리나 태풍 때 뉴스를 통해 본 난민들의 처참한 모습은 허리케인 영화에서 보았던 새로운 평화의 탄생과는 전혀 달랐다. 안타까운 현장들은 그 옛날 참 통쾌하다고 느꼈던 순간이 정말 미안하게 느껴질 만큼 잔인했다. 젊은 날 세상의 모순과 이율배반을, 기성세대들의 억압과 구속을 언제나 힘겨워했고 역겨워했다. 가끔 공상 속에서라도 허리케인 같은 큰 힘이 모순과 부조리를 싹 쓸어내 주었으면 하고 바라기도 했다. 선별적으로 선과 악을 구분할 수 있는 허리케인이 있었으면 좋을 것 같았다. 복잡한 세상 구조에 지쳐서 점점 타협되어 가고 타성에 젖어 가는 것은 아닌가 생각되었다. 변명을 대신하여 가면을 쓰고 살고 있는지도 모르겠다고 느꼈다.

지구는 스스로 정화작용을 한다. 태풍은 자연으로 치자면 꼭 있어야 할 기상현상 중 하나이다. 태풍이 생김으로써 바닷물을 뒤섞어 순환되게 하고 바다 생태계를 활성화하기도 한다. 저위도 지방의 대기 에너지를 고위도 지방으로 옮겨 지구의 온도 균형도 맞춰준다. 태풍을 통해 물을 공급함으로써 물 부족 현상을 해소하기도 한다. 태풍은 피해를 동반하기도 하지만 없어서는 안 될 존재이기도 하다. 세상의 오염을 정화작용하는 태풍이라지만 다른 이들의 아픔을 무감각하게 바라보는 무디어진 감정도 다시 성찰하도록 해주는 허리케인이다.

곧이어 한국에도 초강력 태풍이 온다고 한다. 정원에 펼쳐진 파라솔을 걷고 화분을 정리하면서 잘 키워낸 꽃들과 나무가 쓰러지지 않도록 단단한 줄로 묶어 피해를 최소화하려고 애쓴다. 바둑을 두는 이창호는 말했다. "크게 이길 수 있어도 단 한 번의 역전당할 가능성이 있다면 안전한 길로 간다." 이것은 허리케인이나 태풍 같은 자연재해에 대응하는 방법일 것이다. 움직임을 예측할 수 없는 이번 허리케인과 한국의 태풍이 자연의 이치로 인해 생기는 현상이기에 피할 수 없는 것이라면 제발 양순하게 지나가기를 바라고 기도할 뿐이다.

# 마음의 그릇 ✳ 중국 선양 국제 학술대회에 7일

간 다녀왔다. 문을 열고 들어가면 강아지 두 마리와 영리한 고양이가 반겨 줄 것을 상상하면서 꼭 안아 주리라 기대했다. 문을 열고 들어가자 여느 때처럼 펄쩍펄쩍 뛰며 반겨줄 강아지들이 조용했다. 이상한 느낌이 들어 그들이 있는 곳으로 가보니 모두 사라지고 없었다. 소름이 오싹 돋았다.

놀란 마음을 애써 가라앉히며 경비실과 관리실에 가서 CCTV를 확인해 본 결과 옆 동에 사는 사람이 열어놓은 실외기실 방충망을 찢고 강아지들을 유인해서 데리고 간 것을 알게 되었다. 물건을 파손하면서까지 애완동물을 데리고 간 것도 화가 나지만 사생활이 침해당했다는 생각에 울화가 치밀었다. 두 달쯤 전에 길고양이 문제로 안면을 트긴 했지만 친하진 않은 사이인데 오히려 큰소리를 쳤다. 강아지들이 걱정돼서 그랬다고 했다. 출국하기 전에 자동 급식으로 사료와 물을 챙겨 두었고 아들에게 한 번씩 돌보고 산책도 시켜 달라고 부탁해 놓고 갔다.

그 이웃 사람은 개가 신경 쓰여서 못 살 지경일 만큼 정신적 문제가 있는 사람이었다. 눈에 동물만 보이는 사람 같았다. 염려되었다면 경찰관 입회하에 타인의 집을 들어가야 했다. 따지는 것이 당연한 일임에도 오히려 협박성 문자를 보내고 있었다. 감정을 가라앉히며 이성적으로 간결하게 '방충망 수리와 강아지들을 돌려 달라'는 문자를 보냈더니 오히려 경찰서와 TV 동물 관련 프로에 제보하겠다고 겁박했다.

집착증으로 보여서 대화가 힘들었다. 피하고 싶었다. 감정을 가라앉히고 생각해 보니 피해자인 내가 오히려 힘들어하는 이유는 그 사람의 시작이 선의에서 출발했다는 것이었다. 화를 마구 내지 못하는 이유도 불편하게 만든 행위의 시작이 선의라고 생각해서였다. 이상하게도 지금 겪고 있는 고통의 증상이 낯설지 않았다.


강의하는 동안 어린아이들 넷을 도우미 아주머니께 맡겨야 했던 시절이 있었다. 자생력을 키우기 위해 꼼꼼하게 계획하여 교육했다. 연년생인 첫째와 둘째가 교대를 해가면서 셋째와 넷째를 돌보게 했다. 비록 엄마가 항상 곁에 없지만, 빈틈없이 잘 키우려고 갖은 노력을 다했다. 주말이면 어김없이 아이들의 창의력을 키우기 위해 콘셉트가 있는 바깥 놀이를 기획했고 체험학습을 마련해서 즐겁게 지내고 돌아왔다. 아이들의 일기장을 본 담임선생님들은 아이디어가 좋다면서 당신들 가정에도 활용해봤다고 할 정도였다.

치밀한 계획 생활은 도와줄 사람이 필요 없었지만, 시어머님은 아이들을 돌봐야 한다는 핑계로 가까이에 이사 와서 매일같이 드나들었다. 집에 오면 이것저것 간섭을 하고 당신 마음에 안 든다면서 마음대로 내다 버리고 심지어 도우미도 내쫓았다. 걸핏하면 꾸짖거나 토라지기도 했고 머리를 싸매고 병원에 입원해 드러누워서 항복을 받아내려고 했다. 안방까지 들어가서 내 물건들을 들춰가며 조사했다. 제삿날이 되면 친척들에게 우리 집에서 일어나는 사소한 일까지 화젯거리로 다루어서 불편했다. 급기야 동서들에게조차 내정간섭을 받게 되니 자존심마저 상했다.

시어머님의 마음이 '선의'에서 시작된 일이라 단호하게 거절할 수 없었다. 셋째, 넷째를 출산했을 때도 힘들게 해서 차라리 내가 직접 미역국을 끓여 먹고 산후조리를 했던 미국 시절이 더 나았지 싶었다. 첫째와 둘째를 낳을 때까지 생기지도 않았던 산후병이 오히려 부모가 있는 한국에 와서 생겼고 알 수 없는 병까지 얻었다. 긴 시간을 고통 속에서 벗어나려고 무던히도 애썼지만, 고통은 찰떡같이 내 등에 달라붙어 한동안 떨어지지 않았다.

요즘은 가뿐해졌다. 건강해졌고 즐거운 일이 많아졌지만 사람 관계 속에서 생기는 이런저런 일들은 어디에서나 여전히 문제를 안고 있다. 그중에서 제일 다루기 힘든 경우는 상대의 '선의'를 짐작했을 때이다. 지금 행하는 행위는 나쁘지만, 시작이 '선의'에서 출발했고 그 과정에서 집착이나 과장된 생각이 과정을 그르치게 만든다. 상대의 생각이나 남의 환경적인 배경 조건을 미처 생각하지 못하는 사람들을 만나게 될 때이다. 그런 사람들은 대체로 자신이 '선의'로부터 시작했기에 중간 과정이 무례했더라도 '자신이 저지르는 행동은 문제없다'라고 착각하는 경우다. 그런 사람들은 집착으로 인해 주변 사람들의 충고도 귀에 담아 두지 않는 습성이 있다. 아무리 착한 '선의'라고 할지라도 진행 방식은 중요하다. 모두에게 합리적이거나 상식적이며 합법적이고 도덕적으로 타당할 때 그 행위는 선행이라고 부를 수 있다. 시작의 마음이 '선의'로 가득했으나 그 진행 방식이 불법적이고 비상식적이며 인간적이지 않을 때 그것을 선행이라고 불러선 안 된다. 선의의 탈을 쓴 악행은 중단되어야 하는 것이 맞다.

조선 시대의 다산 정약용도 유배지에서조차 '심경밀험'이란 저서를 남기면서 남은 삶 역시 '마음의 그릇'을 다스리는 일에 힘썼다고 한다. 마음을 다스리는 일은 고난을 이겨내는 힘이며 학문의 끝이자 결론이라고 할 만큼 그의 학문을 심경으로 매듭짓고자 하였다. 사람마다 자신만 고유의 마음의 그릇을 갖고 있다. 크기도 모양도 질감, 색깔도 다른 각자의 마음의 그릇은 어떤 경우에서든지 인정받아야 하고 존중받아야 한다. 자신과 비교하거나 그 어느 사람과 비교하면서 그 그릇의 형색을 나무라든지 무시하거나 자신의 물리적인 혹은 혈연적인 지위를 이용하여 갑질해서는 안 될 것이다.

과거에는 마음이 심장에 있다고 하지만 현대의 뇌 과학자들은 마음이 뇌에 존재한다고 밝혀낸 바 있다. 이런 시점에서 타인과 나를 동일시하면서 이성적으로 이해하는 공감 능력이 세상을 평화롭게 할 수 있을 것이다. 사는 날까지 소중한 타인의 '마음 그릇'을 다치지 않게 하려고 자신의 마음 그릇을 연마하는 일은 중요한 과제이다.

# 민들레를 캐며 🌸 바람이 불어온다. 꽃씨가 하

얗게 사선을 그으며 눈 날리듯 날아갔다. 난생처음 보는 대광경을 멍하
니 바라보았다. 앞이 보이지 않을 정도였다. 한국에선 보기 드문 인디
애나의 광경이기에 차를 몰고 가다가도 넋을 잃고 한참을 바라보았다.

미국 인디애나주는 훼손되지 않은 자연이 정말 좋다. 뉴스에는 꽃
씨 주의보가 있을 정도로 흩날리는 민들레 홀씨 때문에 운전에 방해
가 될 지경이다. 온천지에 널려있는 민들레를 캤다. 한국에서 오신 약
재상 할머니가 민들레는 좋은 약재가 된다고 일러 주었다. 캐다가 보
니 한국에 계신 시부모님과 친정 부모님이 생각나고 캐다 보니 언니
나 형제들도 생각나고, 하나같이 마음에 걸리는 사람뿐이다. 약초 캐
는 바구니엔 정이 가득한 민들레가 허리 아프게 모여 있다.

우장춘 박사는 이 민들레꽃을 보며 꿈을 키웠다고 한다. 일본인과
한국인 사이에서 태어난 혼혈인 그는 어린 시절 자신을 차별하고 놀려
대는 친구들로 인해 힘들게 자랐다. 그의 어머니는 학교 갔다 돌아오
는 그의 손을 잡고 같이 걸어오면서 넓게 뻗은 들판의 민들레꽃을 가
리키며 말했다. 풀이 죽어 있는 아들을 보고 "민들레를 바라보라. 끝없

이 짓밟히고 짓밟혀도 이듬해엔 어김없이 피어나는 풀꽃 민들레에서 배우라."라고 하며 그의 어머니는 위로와 용기를 북돋웠다고 했다.

민들레를 캐면서 조용히 내 곁에 있는 초등학생 아들에게 그 얘기를 들려주며 나는 어떤 교훈을 아들에게 들려주어야 하나 생각해 보았다. 마침 미국으로 건너오기 전 동래 온천장에 있는 우장춘 박사 기념관을 다녀온 기억이 떠올랐다. 훌륭한 업적과 설명이 상세히 기록되어 있었지만 내 눈에 쏙 들어오는 것은 박사의 고통스러운 어린 시절 이야기였다. 언젠가는 나도 저 말을 우리 아이들에게 써먹을 기회가 있을 것 같았다.

나지막하게 엎드린 민들레의 강한 생명력, 고통을 끝까지 극복하는 강한 인내심을 배우라고 말해 주었다. 작은 산을 넘으면 작은 산을 넘을 수 있는 능력을, 큰 산을 넘으면 큰 산을 넘을 수 있는 능력을 갖추게 되는 법이다. 일부러 고통을 만들 필요는 없지만, 언젠가 힘든 일을 겪게 되면 자신을 단련시킬 기회가 왔음에 오히려 감사할 것이라고 가르쳐 주었다.

미국에 오기 전, 아들의 학교에서 전교 학생회장 선거가 있었다. 야심이 제법 컸던 아들은 차분하고도 치밀하게 선거 준비를 차근차근히 하고 있었다. 상대측 후보들은 5학년 때부터 전교 부회장을 했던 아들이 큰 걸림돌이라고 생각되었던 모양이었다. 학교에서 주먹 좀 쓴다는 아이들을 모아서 으르딱딱거리며 아들을 겁주기 시작했다. 상대측 후보의 어머니 역시 하나밖에 없는 아들 선거랍시고 전교생에게 햄버거를 돌려가면서 선거운동을 도왔다. 학교는 마치 어른들의 부정

선거판처럼 부패한 모습이 되어버렸다. 저녁에 아들의 포스터를 프린트해서 갖다주었더니 사퇴 선언을 했다고 했다. 어찌 붙어 보지도 않고 비겁하게 포기를 하느냐고 야단쳤다. 아들은 아무 말 없이 베란다에서 무거운 표정으로 생각에 잠겨 있었다. 뒷날 담임선생님께서 안타까워하며 치열해진 분위기에 자신만 포기하면 모든 일을 잠재울 수 있겠구나 싶어서 사퇴를 결심하게 된 거라고 말해 주었다.

듣는 순간 울화가 치밀어 폭발할 것 같은 분노가 치밀었다. 자식 일에 용감하지 않을 어미가 어디 있겠는가. 무슨 일이라도 벌이고 싶었지만, 꾹 눌러 참고 긴 시간 동안 마음을 가다듬어야 했다. 중요한 것은 내 분노가 아니라 아들의 실망감과 장차 남자의 거친 사회를 간접적으로 미리 경험한 상처의 아픔을 달래줘야 했다.


그날 밤 쓸모없어진 아들의 포스터를 치우면서 앞으로 남자아이가 겪어나가야 할 세상과 정의 실현에 대한 걱정이 생기기 시작했다. 아픔을 속으로 숨기고 아무렇지도 않은 척 애쓰는 아들 얼굴을 보니 가슴이 저렸다. 아들은 그날 기억을 잊으려 애썼고 나도 잊은 척 애쓰면서 경시대회나 준비하는 등 다른 쪽으로 관심을 돌리려고 노력했다.

안식년을 계기로 미국 웨스트 라피엣으로 와서 아들은 다시 초등학교 마지막 학년을 지냈다. 적응하느라고 무던히 애도 썼다. 여러모로 두각을 차차 드러내기 시작했다. 처음엔 영어가 들리지도 않는 교실에서 마치 우물 속에 잠겨 있는 듯한 힘든 상황을 잘도 이겨냈다. 두 달가량 지나자 말이 들리고 입이 열리기 시작하면서 해 질 녘이면 친구들과 동네를 헤집는 아들의 우렁찬 목소리가 온 동네를 울렸다. 그 소리는 힘차고 든든했다. 학교에서 경시대회가 있거나 운동 시합이 있을 때마다 아들은 중요 위치를 맡아 팀의 승리를 일궜고 넘치는 에너지를 쏟아내며 만족해했다. 그럴 적마다 아들의 입에서 '미국 아이들은 페어fair하다'라고 내게 거듭해서 강조했다. 한국의 기억을 떠올리며 비교하고 있다는 짐작이 갔다. 그때까지도 한국에서의 상처가 아물지 않은 것같이 느껴졌다.

그때 생각난 것이 우장춘의 민들레였다. 약초를 캘 바구니를 들고 같이 가자고 했다. 묵묵하고 열심히 민들레를 캤다. 한참 동안 민들레만 캐면서 아들의 모습을 슬쩍슬쩍 훔쳐보았다. 민들레를 제법 오랫동안 관찰했으리라 싶을 때쯤 말을 슬그머니 꺼냈다. 우장춘 박사의 생애와 연구 업적, 그의 어린 시절 힘들었던 이야기와 함께.

아이들이 공정한 학교생활을 하려면 어른들의 욕심이 개입하지 말아야 한다. 순수하지 못한 어른의 욕심으로 멍드는 아이들의 희망과 순수한 질서가 어지럽혀지면 나라의 미래도 불안해지기 마련이다. 어른이 지켜주지 못했으니 그 또한 부끄럽기도 했다.

누군가가 인생의 가장 큰 가치를 무엇에다 두겠느냐고 묻는다면 얼른 '인고의 시간 뒤에 오는 깨달음'이라고 답할 것이다. 고통의 시간이 지나갈수록 한 가지씩 늘어가는 깨달음은 큰 기쁨이다. 부끄러웠던 내 실수들과 창피한 실패의 흔적도 깨달음의 원천이다. 민들레처럼 질긴 생명력으로 견디어 내야 한다. 그러다 보면 내공이 쌓여 용서와 화해하는 일이 수월해질 수도 있을 것이다.

# 창밖을 보는 사람 ✿ 카페 같다고 한다. 정

원이 훤히 보이는 거실 창을 보면 지인들이 카페 같다고 말한다. 이렇게 좋은 정원을 누릴 수 있는 복 많은 사람이 몇이나 될까 하고 추임새도 넣어준다. 창밖에 활짝 핀 매화 철이면 순간이 행복하다. 봄은 멀리 있지만, 봄기운을 알아챈 눈치 빠른 매화가 창으로 들어온 바람결 따라 잽싸게 살랑인다. 창을 통해 거실까지 들어온 행복의 시선을 밖으로 끌어낸다.

카페마다 창밖을 보도록 큰 창을 낸다. 창가 좌석을 차지하려면 몇십 분 동안을 대기해야 하는 유명한 해변 호텔 커피숍도 있다. 그곳에 가면 자연스럽게 창 곁에 앉아서 창밖을 내다본다. 창밖의 풍경을 바라본다는 것은 무엇일까. 창밖을 본다는 것은 창밖의 풍경을 겸하여 오고 가는 행인들을 보고픈 유혹이다. 반대로 행인들은 하나같이 창 안의 사람을 훔쳐본다. 창밖의 사람들은 시선을 안쪽으로 돌려 사람을 부러워하며 쳐다보고 창 안의 사람은 밖에 있는 사람에게 시선을 준다. 아무튼, 다른 쪽을 본다는 것은 자신이 있는 곳을 보지 않으려한다는 것이다.

상실의 아픔을 겪은 후, 첫 가을 거울이 바람에 실려 가버렸다. 나도 모르는 사이에 은둔 생활을 했다. 불면증이 두려워 석양을 등지고 무조건 걸어서 몸이 지치도록 만들었다. 오로지 살아내기 위해 투쟁하듯 하루하루를 먹고 자고 걷기만 했다. 상처가 조금씩 아물어 갔지만 빈 의자와 마주 앉아 혼자 얘기를 나누는 습관이 생겼다. 대답도 없는 의자 앞에서 퍼즐을 맞추듯 지난 시간을 되돌아보았다. 의자는 창이 없는 벽을 향해 놓여 있었다.

창이란 우리에게 어떤 의미일까. 하얀 속치마처럼 혹은 살짝 드리워진 검은 베일처럼 비치기는 하나 분명치 않은, 손 닿을 수 없는 저기 그 어딘가를 갈구하는 그리움 같은 존재가 아닐는지. 창을 사랑하는 것은 심리적이며 시각적 구속감 때문이다.

졸혼하는 사람들이 많아졌다. 졸혼이라는 유행을 따르진 않더라도 서로에게 간섭하지 않고 각방을 쓰면서 무관심을 원칙으로 사는 부부들도 많이 본다. 한방에 오글거리며 부모와 자식들이 같이 자던 옛 시절에 비교하면 각방 인생은 방이 많아 생기는 폐단 같다. 우리 부모님 세대의 부부들은 단칸방 살림을 했어도 자식도 많이 낳았고 헤어지는 경우도 지금보다 훨씬 적었다. 적당히 어렵거나 부족하게 되면 부부 두 사람이 목표를 향해 동지애가 발휘되어 관계가 돈독해진다. 물론 의식과 생활문화가 변하면서 부부 관계도 변하기 마련이다.

무엇이든 해보지 않고는 깨닫지 못하는 게 세상살이다. 가보지 못하고는 알 수 없는 세계가 있다는 배움은 경험에서 얻는 것이다. 냉엄

한 세상에서 경험은 생존을 위한 융통성이다. 혼자가 되고 보니 몰랐던 남자들의 세계를 듣고 보게 된다. 이혼자라는 돌싱들의 얘기도 많이 접한다. 하나같이 새 사람을 만나게 되면 배려와 존중을 해주겠다는 말을 한다. 그럴 때면 전 배우자에게는 왜 그러지 못 했냐고 간곡히 묻고 싶어진다.

사랑이란 무엇일까. 생각하기에 따라 한 사람과 수십 년을 맞춰가면서 살아간다는 것은 무기징역을 선고받는 형벌과도 같다. 서로에게 상처를 주는 말로 자존심을 건드리면 돌이킬 수 없는 마음의 흉터가 남는다. 오만 정이 떨어져 같이 살고 싶은 마음이 조금도 나지 않는다고 말한다. 힘든 세상을 전쟁같이 치러내고 둘만 살아남은 중년을 전우애로 다시 시작해 보면 좋을 터인데.

새 사람을 만나 살면 그런 일이 생길 수는 있을는지. 씩씩하게 살아가려는 내가 부럽다는 말까지 한다. 그런 척 위장하는 마음을 모르는 그들에게 한번 당해 보라고 대꾸하고픈 반발심이 인다. 어쩔 수 없으니 위기는 기회라고 허세를 부렸을 뿐인데. 서로에게 길들여진 두 사람이 같은 길을 가는 것만큼 좋은 일이 어디 있겠는가. 진복을 깨닫지 못하고 사는 것이다.

자신 곁에 있는 존재의 고마움에 공감하지 못하는 사람은 슈만의 '헌정'을 들어보기를 권한다. 만남의 행운과 공존의 감사, 소유의 행복감과 동행이 공감을 애와 간과 장을 끌어 올리는 듯 표현한 음악이다. 헌정을 듣는 것만으로도 시공을 초월하여 지금 그대 곁의 동행이 얼마나 감사한 일인지 느끼게 될 것이다.

현재 사랑이란 소망이 아직 이루어지지 않았다 하더라도, 그대가 소망하는 인생 여행이 시작되지 않았을지라도, 그대는 그 곁의 사람과 함께할 때 가장 빛나게 된다는 것을 발견하게 될 것이다.

실내에 있는 사람들이 모두 창밖을 향해 고개를 돌리고 있다. 창밖의 사람들은 창 안을 바라보건만. 자기 곁의 사람을 보지 않고 밖의 사람과 풍경을 부럽게 바라본다. 창을 통해 보면 무심코 보았던 풍경도 아련하고 아름답게 밀려오는 법이다. 설령 자신의 동행이 공을 들이고 힘들게 얻은 동반자가 아닐지라도, 그대 곁의 오래된 배우자를 창밖에 내놓으면 다른 이에게는 상당히 매력 있는 주인공이 된다는 것을 깨달았으면 한다.

'두리번거리지 마라. 지금 네 곁에 있는 그 사람이 최고의 사랑이다.'

# 다르지만 이상하지 않은 ✿ 숙제처

럼 상자를 꺼냈다. 트리를 세워 스커트로 바닥을 덮고 갖가지 장식을 단다. 산타 선물이 들어갈 긴 양말도 달았다. 우물천장에 반짝이 줄을 주렁주렁 걸어두고 문마다 장식을 단다. 현관문을 선물상자처럼 변신시켰다. 제일 큰 선물은 역시 우리 가정이다. 리본 줄 위에 리스를 얹어 단다. 정성스럽게 성탄을 맞이하는 중이다.

성탄 준비를 하다 보면 추억이 떠오른다. 어머니는 이브 미사에 참례하고 자정이 넘어서야 돌아왔다. 어머니를 기다리다가 잠든 날 아침이면 어김없이 머리맡에 팥빵과 사탕이 있었다. 산타할아버지가 놓고 갔다는 말에 신났다. 산타라는 할아버지가 왜 밤에만 와야 하는지, 내게만 과자를 주고 가는지, 도둑처럼 몰래 놔두고 가야 하는지 정말 궁금했다. 물어보고 싶었지만, 혹시라도 선물에 변동이 생길까 봐 어렴풋한 의심을 품고 지나갔다. 초등학교에 갈 무렵, 매년 늦둥이인 내게만 선물을 주는 것에 샘이 났던 언니가 '산타는 없다'면서 산통을 깨버렸다. 그때부터 내게는 크리스마스 날 공짜의 행운과 환상은 사라져 버렸다.

트리는 장식할 때는 재미있지만, 성탄절이 지나고 나면 정리하는 일이 귀찮다는 느낌이 조금씩 늘어 가고 있다. 막내마저 대학교에 진학하면서 서울로 가버리고 텅 빈 집에서 장식을 하자니 의욕이 나질 않는다. 덩그러니 남겨진 크리스마스 장식물. 서울 아이들 집에 보낼까 하다가 문득 이웃들과 함께 감상하는 것도 좋을 것 같다는 생각이 불현듯이 스쳤다. 정원 한가운데에 놔두면 아파트 주민들도 창밖을 내다보면서 즐길 것이다. 거센 돌풍에 넘어지지 않게 단단히 묶고 가지 끝마다 화려한 볼과 장식물을 달아 본다.

그중에 내 시선을 끄는 장식물이 호기심을 끌어당겼다. 마트 같은 곳에서 살 수 있는 그런 세련된 것이 아니다. 어디서 생긴 것인지 기억을 더듬어 본다. 예전에 미국에서 몇 년 머물던 당시에 세인트 탐스 Saint's toms라는 성당 입구에서 장애 어린이들이 만든 것이라면서 나눠주던 기억이 떠올랐다. 세련된 모양은 아니어도 주위의 장식과는 다르지만 어색하지 않게 잘 어울린다. 어째서일까. 단순히 막대기에 천사 날개를 상징하는 반짝이 철사를 붙이기만 한 것이다. 트리가 미국산이라서 그럴까. 서로 잘 어울린다.

미국에서 적응하는 과정 중 궁금하게 느꼈던 점은 사물들이 어우러지기를 잘한다는 것이었다. 옷은 위아래 색깔을 달리 입지만 잘 어우러지고 벽지 색깔도 다르게 입히지만 서로 조화로웠다. 가구도 마찬가지였다. 그 당시의 한국인처럼 세트 개념이란 것이 없었다. 그때는 입는 옷이 위아래로 같은 색깔과 질감을 갖춰 입어야 정장이라고 생각했던 시절이었다. 집 안이나 가구 그 밖에도 모든 것을 같은 색깔과 무늬로 맞춰야 한다는 의식을 갖고 있었다. 혹자는 단일민족의식에서 파생된 풍습 때문이라고 말했고 나도 그 말에 전적으로 동의한다. 그런 의식에 묻혀 살다가 미국의 다양한 어울림에 대해 깊은 의문을 갖기 시작했다.

마침내 내린 결론은 '연합민족'이어서였다. 한국의 '단일민족 의식'은 문화의식조차도 단일로 만들어 버렸다. 교복처럼 같은 옷 색깔과 같은 디자인을 입어서 통일시키는 의식이다. 개성파들의 목소리는 내몰리기 일쑤였다. 심할 경우 왕따까지 당하기도 했다. 가정에서조차 논리적으로 반박하는 사람에게 대답이 궁색해지면 '그것이 집안 법도다'라며 강압적인 반응을 내비쳤다. 그런 상황은 개성적인 감각을 무디게 만들었다.

감각이 무디어진 채 미국 생활에서 조화를 이루는 일은 장애가 되었다. 색깔의 조화, 형태와 가구 배치, 벽 색깔, 심지어 행사에서 테이블 세팅과 실내장식 등 감각을 다시 깨우기까지 꽤 시간이 지나야 했다. 물론 개성에 관해 시각적인 차이와 관용의 차이도 있음을 깨닫게 되었다.

다양성을 인정하는 사회 분위기는 장애가 있는 이들과의 생활도 평범한 듯 자연스럽고 평화로웠다. 버스 운행 때에도 운전기사는 장애인의 휠체어를 손수 올려서 휠체어를 고정하는 자리에 안전띠를 단단히 장착해 주고 난 후에 운전석으로 가서 서서히 출발했다. 천천히 안전하게 하다 보니 제법 시간이 소요됐음에도 누구 하나 불평하는 사람이 없었다. 승객들은 예사롭고 편안하게 자기들끼리 대화를 나누고 있었다. 애써 참아주는 듯, 혹은 희생을 감내하는 듯한 억지스럽거나 어색한 모습은 찾아볼 수 없었다. 함께 살아간다는 것이 그런 것 아닐까 싶었다.

한국에서 아이들을 키울 때 한때는 특수반으로 분리했던 장애아들을 다시 비장애 아들과 한 반에서 수업을 받도록 시도했던 적이 있었다. 함께 사는 사회라는 취지였다. 시설이나 시스템이 갖춰지지 않은 상태이었기 때문에 너무 산만해졌다. 수업 시간에 집중하지 못해 자신의 아이가 피해를 본다는 학부모들의 항의가 거칠게 계속되었던 기억이 있다.

장애아가 아니라도 상대방으로부터 자신이 불편해지면 너그럽게 봐주지 못하는 사회 분위기는 낯선 이방인에게도 너그러울 수는 없다. 미국에서 내가 살아냈던 시간은 낯설고 물선 이방인의 시간이었다. 친절하게 대해 주더라도 힘든 생활을 개척해야 했다. 내게도 그랬으니 장애인들에게는 그보다 더 심할 것이다. 그들이 큰 꿈을 품게 되면 품은 무게만큼의 힘든 투쟁을 겪어내야 할 것이다.

필요하지 않은 사람은 없다. 누군가에게는 위로를 주고, 또 다른 누군가에게서 위로를 받는 것이 사람의 존재가치이다. 신은 사람을 창조할 때 외롭지 않도록 어딘가에는 안전장치를 만들어 놓았을 것이다. 창조주 대신 치유해 줄 수 있는 안전장치, 그것이 곧 사람이다.

다시 새로운 크리스마스가 돌아오고 있다. 이번 성탄절은 천천히 가더라도 자연스럽게 섞여 살아갔으면. 장애인을 실은 버스처럼 느린 삶, 다르지만 이상하지 않은 시각으로 서로를 편히 바라보면서 살아가기를 소망한다.

# 두 개의 눈금자가 필요해 🌸 참, 귀

찮게도 한다. 싫다는데도 집요하게 자꾸 그런다. 내 마음 가장 약한 부분을 어찌 알았는지 꼭 그곳만 건드린다. 버티고 버티다가 하는 수 없이 넘어가 버린다. 결국은 약한 감성을 자극한 그 말에 항복하고 내가 그만 넘어가 버렸다.

　모르는 전화는 받지 않는 것이 상책이다. 벨 소리가 지속해서 울리면 약해지는 심리가 있다. 혹시 미처 저장하지 못한 전화번호일 수도 있을 것이라는 약한 마음이 발동한다. 받아보니 신용카드 모집 아르바이트 아줌마다. 신용카드를 신청해 달라고 통사정한다. 필요 없다고 끊으려 해도 사정사정한다. 하는 수 없이 그러겠다고 했더니 서류 작성이 일사천리로 신상 정보까지 알고 있다. '아차' 싶었다. 순간적으로 집까지 알고 찾아오겠다 싶었다. 불법적인 개인정보를 갖게 된 경로를 캐물었다. 또 사정한다.

　집 근처 카페에서 만났다. 오해하지 말라며 변명한다. 기억도 나지 않는 과거 기록을 지우지 않고 갖고 있다. 불법이라며 매몰차게 다그쳤다. 몹시 신경이 거슬리고 불안하고 염려가 되는 건 어쩔 수 없다.

언니쯤 되어 보이는 그녀가 일일이 '죄송해요, 미안해요'를 섞어가며 사정을 하니 더 따질 수도 없었다. 그렇게 말문을 막아버리니 하는 수 없이 서류 작성에 협조해 줄 수밖에 없었다. 약해진 마음은 졸지에 카드를 세 개까지 신청해 주었다.

사기 행각이 넘쳐나고 스미싱이 판치는 세상이다. 전화금융사기에다 낯선 문자에 클릭만 해도 악성코드가 깔려 경제적 낭패를 당하고 망신살이 뻗치는 경우가 허다하다. 그러니 단단히 굳은 땅도, 돌다리도 잘 살펴보고 건너갈 수밖에 없다. 모가 나거나 깍쟁이여서가 아니고 노출된 개인정보가 인터넷 어딘가에서 나도 모르게 죄인, 범죄자가 될 수 있는 무서운 세상이다. 그러니 인간성의 본질과 신뢰의 본질을 재조명하며 살아가야 한다. 각자의 내면에서 느끼는 선의의 본질이, 타인의 진심이 때로는 인간의 가장 깊은 두려움을 자극하기도 하기 때문이다.

이번에는 한층 더 가관이다. 그녀는 고맙다는 말을 몇 번이나 되풀이하고선 어딘가 가더니 한참 후에야 왔다. 설탕이 잔뜩 들어간 초콜릿 크림 케이크에다 다디단 초콜릿이 들어간 카페모카와 캐러멜마키아토를 쟁반에 가득 담아 왔다. 그 정도면 한 달 치 정도의 당 흡수량일 것 같다. 손사래를 쳐대도 아랑곳없이 자꾸 권한다. 이 상황은 인간의 본성, 즉 선한 의도와 배려의 진정성이 우리의 선택과 행동을 어떻게 지배하는지를 느낄 수 있다. 그러나 선의가 때로는 부담이 되기도 하고, 선의가 인간의 윤리적 판단을 시험하기도 한다.

이쯤 되면 환장할 노릇이다. 과당이 몸에 해롭다는 것쯤은 누구나

다 알고 있는 건강 상식이다. 체면치레로 사양하는 줄 알았는지 몇 번씩이나 권하고 또 권한다. 참고 참다가 보약도 아닌 것을 이렇게까지 권할 건 뭐냐고 면박을 주었다. 그래도 또 권한다. 맛있게 생겼길래 사 왔다고 맛이나 좀 보란다. 그렇게 맛있는 거면 잡수시라고 했더니 자신은 당뇨가 있어서 안 먹는단다. 나더러 두 잔 다 마시라고 한다.

기가 차서 숨넘어갈 지경이다. 자신은 당뇨를 조심해서 안 먹고 남에겐 당뇨 걸리도록 억지로 먹이려는 심사는 도대체 뭐냐고 대꾸했다. 피구 공 피해 다니듯 성인병을 살피고 절제하며 사는 나이가 되었기 때문이다. 그랬더니 그녀가 한 잔을 들고 마신다. 케이크도 한 숟갈 퍼서 먹는다. 당황해서 "단 것 안 좋아요. 드시지 마세요. 당뇨 있으시다면서요." 했더니 숟가락을 내려놓고 숙연한 표정을 짓는다.

고마운 마음에 뭐라도 대접하고 싶어서 그랬다고 한다. 사러 간다면 말릴까 봐 몰래 갔다 왔다고 한다. 이런 곳에 처음 와 봐서 뭘 주문해야 할지 몰라 제일 값비싼 것을 사 왔다고 어렵게 말을 꺼냈다. 가슴 언저리가 저릿해졌다. 보통 여자들이 남편 출근 후면 노닥거리는 카페가 뭐 그리 대단해서 요즘 같은 세상에 단 한 번도 와보질 않았다는 것이냐고 소리치고 싶었다. 치열했던 내 과거가 투영되었다. 자신의 가치관을 다른 사람의 삶의 방식에 강요하게 되는 오류를 범했다. 인간의 복잡한 감정을 이해하고, 그녀의 존재를 존중해야 했었다.

화가 치밀었다. 그녀가 아닌 나에게. 저렇게 순박한 사람에게 일반적인 잣대를 갖다 대면서 꼬장꼬장 따져댔던 내게 화가 났다. 그녀에게서 잠시 눈물이 비쳤다. 내 눈이 그렇게 보았을까. 그것은 그녀에

대한 모독이다. 씩씩하게 살아가는 그녀를 연민으로 바라보는 시각. 딸 두 명과 살아가는 그녀의 휴대전화 속에 저장된 가족사진 속에서는 그녀 나름의 소박한 미소를 머금고 있을 게다. 지금의 미소는 생활 전선 투사의 전투복을 입은 미소로 뇌에 전달되었다. 종종 자신의 관점으로 타인의 본질을 왜곡할 때가 있다. 그 본질을 파악하기 위해선 더 깊이 있는 이해와 공감이 필요하다.

　나도 모르게 숟가락이 케이크로 갔다. 그렇게 먹지 않으려고 버텼던 단 음식을 입으로 갖다 밀어 넣고 우걱우걱 씹어 넘겼다. 케이크와 캐러멜마키아토, 카페모카마저 눈을 질끈 감고 단숨에 사약 마시듯 삼켜 버렸다. 만일, 내가 먹어 치우지 않는다면, 당뇨가 있는 그녀가 아깝다면서 다 먹어 치울 것 같아서였다. 때로는 자신의 한계를 넘어서서 상대방의 필요를 충족시키려 할 때는 인간의 본성과 도덕적 책임 사이에 균형을 잡아야 했다.

　힘들다고 느낄 때는 늘 이런 경우다. 자유의지를 꺾어버리는 그들의 동정심 유발과 맞닥뜨렸을 때다. 상대의 행위는 분명 옳지 않거나 예의에 어긋나도 상대방의 본성이 선하다고 내가 판단했을 경우가 그렇다. 울며 겨자 먹기로, 손해인 줄 알면서도 당해주는 것이다. 내가 느낀 그의 선함이 그 모든 판단 기준과 허물을 덮어 버리기 때문이다. 그때는 웬만한 무례함도 참고 넘긴다. 선하다고 생각되면 완전히 믿어 의심치 않는 성격 탓이다. 까다로운 기준을 가졌지만 한번 문을 열면 온전히 그를 품어주는 내 탓이다. 그런데도 배신당하면 가슴이 너무 아프다. 결과를 예비하지 못한 내 탓이 크다. 사람은 종종 자신이 믿는 선의에 의해 실망과 상처를 경험하기도 한다. 그러기에 종종 배신을 준비하며 인간관계를 형성하고 사는지도 모른다.

소박한 일상조차 간절한 이도 있다. 어두운 세상, 하늘의 별을 갖고 싶은 야무진 꿈 하나 갖고 사는 이들에게 일반적인 잣대로 따지는 것은 너무 야박하지 않을까. 그런 이들에게는 이중잣대가 필요한 것 같다. 정의로운 눈금을 가진 깐깐한 자와 배려의 눈금을 가진 느슨한 자. 각자의 기준과 타인의 현실 사이에서 균형을 갖고 살아가야 할 것 같다. 돌아오는 길에 각서를 쓰듯 다짐한다. 오늘 섭취한 당분이 과다 분량일지언정 하느님도 두 개의 잣대로 당분을 해독시켜 주시겠지. 설령 그게 아닐지라도.

# 부록

아직도 부치지 못하는 편지

# 아직도 부치지 못하는 편지

친애하는 당신에게.

p.s 당신의 바뀐 새 주소를 몰라 이 편지는 아직도 부치지 못합니다.

김미숙 제2 수필집 평

# 잃은 봄을 부활시키는 열정의 언술

박양근(문학평론가)

　꽃의 매력은 봄마다 피면서 끈질긴 생명을 이어가는 것에 있다. 피지 못하는 꽃과 떨어지지 않는 꽃은 매력이 없다. 봄을 찬미하는 이유가 부활과 부재, 소생과 소멸의 반복에 있다는 뜻이다. 나아가 예술과 문학으로 영생을 노래하는 연유이기도 하다.

　문학의 존재성은 인간이 유한하다는 역설에 바탕을 둔다. 얼마나 많은 작가들이 죽음의 비애를 탄식하면서 불멸의 창작을 원하는가. 연인의 죽음이 가져오는 좌절은 욕망조차 허무하게 만든다. 하지만 작가는 밤새워 글을 씀으로써 새로운 잉태와 탄생을 맞이한다. 그렇게 쓴 글은 단순한 활자가 아니라 순정의 눈물로 이루어진 결정체와 같다. 어쩌면 참 문학은 종말조차 담담하게 맞이하는 사람에게만 허락되는 짓궂은 여정일지도 모른다.

　김미숙 작가가 두 번째 작품집 『다시, 찬란해 봄』을 탈고하였다. 그녀는 4년 전 한여름 휴일에 평생에 반려자를 잃었다. 황망한 비극을 잊기 위해 펜을 들어 마지막 키스 같은 『아듀, 미세스 리』를 고인에게

헌정하였다. 그것은 사랑의 헌사이면서 과거의 자신과 작별을 고하는 자서이기도 했다.

하지만 그녀의 내면은 T. S. 엘리엇의 「황무지」처럼 황량하고 메말라 갔다. 봄이라는 계절이 다시 왔건만 그녀의 봄이 아니었다. 태연하게 성가 봉사와 사회 활동을 하였지만 쓸쓸함과 외로움을 온전히 가릴 수 없었다. 그녀도 사람이므로 허탈했고, 낮 동안 태연한 척했던 꾸밈에서 벗어나 홀로 된 밤이면 글을 썼다. 그 외 다른 길은 없었다. 수필이 그나마 고통과 상처를 조금씩 치유해 주는 유일한 반려자였다. 마침내 "미세스 리"라는 분장을 지우고 "찬란한 김미숙의 봄"을 맞이하려는 인생극의 주인공으로 재등장하였다.

그러므로 김미숙 작가에게 제2 수필집 『다시, 찬란해 봄』은 원숙해진 인격체로서 생의 부활을 담은 제2의 선언이 된다. 동토에서 벗어나 부활의 삶을 이야기하는 필筆을 맞이한 것이다.


## 1. 삶의 측량술을 바꾸면서

사람은 누구나 하루씩 산다. 그 하루를 어떻게 조립하느냐에 따라 삶의 품격이 달라진다. 신체 근육보다 정신적 DNA가 재형성되는가의 여부가 더 중요하다는 의미다. 인간은 할 수만 있다면 마법 같은 변신을 이루려고 한다. 수도사나 성자가 실행하는 기적과 달리 마법이 쉽게 이루어지지 않음에도 필요한 이유는 절박한 상황에서 벗어날 수 있는 동아줄 역할을 하기 때문이다. 지친 삶을 되살려 주는 마법은 "단 하루라도 허투루 보내지 않겠다"라는 행동 원리로서 김미숙은 마치 잘 세공된 보석처럼 그것을 바탕으로 하루하루를 설계한다. 그 점은 그녀의 행적을 반영한 여러 작품의 제목으로 알 수 있다.

김미숙이 자신의 인생을 부활하기 위해 도입한 새로운 관점은 "다시"라는 모티프다. 우선 「두 개의 눈금자가 필요해」는 자기중심의 해결책에서 벗어나 상대방의 입장을 포용하는 다중 잣대를 수용한다. 다원적인 안목은 자신에게는 엄격하면서 타자를 헤아리고 배려하는 생활이다. 사람들이 처한 현실을 먼저 배려하는 성숙은 두 번째 작품인 「쪼깨이」에서 한층 폭을 넓힌다. 인간은 말과 글로는 무소유를 논하지만 본능적으로는 많은 것을 소유하려 한다. 건강하고 부유하고 명예롭기를 원한다. 그러나 돈독한 신앙심으로 상실의 시련을 이겨내면 무소유라는 모순에 저항할 수 있다. 그리하여 찾아낸 현실 속의 선택은 "적게, 쪼깨이, 새끼손가락만큼만"이라는 자제와 절제다. "두 개의 눈금"과 "쪼깨이"는 예전부터 지켜온 실제적 행동이면서 각성의 양상이다.

김미숙의 인생 행로를 살펴보면 곳곳에서 직선적 주행보다는 옆길을 선택하는 순발력이 발견된다. 인생 교실과 학교에서 얻은 경험이 제시한 인생관이랄까. 그 방식을 풀어낸 「지하도 옆에는 우측 도로가 있네」는 길이 막히면 차분하게 비켜 가자는 인생론을 다룬다. 갈림길에 부딪히면 누구나 당황하기 마련이다. 그러나 옆길이 해결 수단이라고 인정하는 김미숙은 우회하는 방식이 살아가면서 깨우쳐야 할 차선으로 여긴다. 사람들은 옆길을 샛길로 여기지만 그녀는 "옆길로 들어선다"라는 표현을 도입함으로써 "옆길로 샌다"와 구별한다. "지하도 같은 감정의 늪"에 빠졌을 때, 어떻게 대처하는가를 선험적으로 알려 준 처방이라 하겠다.

김미숙이 『다시, 찬란해 봄』에서 소개하는 지침들은 일시적인 응용이 아니라 고전적이면서 인문학적 양식을 갖추고 있다. 소욕小慾이든 옆길이든, 두 개의 눈금이든, 그것들을 모두 포용하는 것이 물 철학이다. 작가는 「물처럼」에서 인생을 불같은 시간으로 채워 간다는 노자의 말씀에 공감한다. 정원에 물을 채우면서 "희로애락의 결정체들을 물에 풀어 놓을 것이라 다짐"하는 은유에는 물처럼 스며들고 맞추어 주고 아래로 흐르리라는 그녀의 결심이 깔려있다. 몽상의 철학자 바슐라르도 물의 미덕이 포용에 있음을 밝혔듯이 그녀는 과거를 되돌아보면서 세상살이는 "물답게"라는 생활 원리를 가슴에 품은 것이다.

그녀는 끊임없이 「당신의 오늘 하루」가 어땠는가, 라고 자문자답한다. 파울로 코엘로가 쓴 『브리다』의 여주인공처럼 하루하루를 마법처럼 살려고 한다. 그녀는 마법이란 엄청난 기술이 아니라 누구나 실천할 수 있는 "애교 섞인 미소" 같은 친절과 양보라고 말한다. 미소가 상대방을 행복하게 해주는 효과가 있다면 그게 마법이 아닌가. 김미숙은 미소와 물과 배려를 일치시켜 한번 해보자고 권하는 것이다.

자연과 더불어 살아가는 생명체에게 봄은 소생의 계절이다. 봄은 "빼앗긴 들에도 봄은 오는가"라는 시구와 달리 순환이라는 자연법칙을 따른다. 마찬가지로 인생의 봄에도 "다시"라는 희망이 존재한다.

빼앗긴 봄이라면 되찾으면 된다. 물론 자의 반 타의 반 잃어버린 것을 되찾으려면 남다른 노력이 필요하다. 놀랍게도 김미숙은 「다시, 찬란한 봄」에서 말하듯이 잃었던 활기와 희망을 되찾았다.

> 어둡고 긴 겨울이 있었기에 봄꽃이 환영받는 것처럼 인생의 겨울도 치러볼 만한 가치가 있다. 다시 피는 봄꽃은 특별히 귀하고 곱게 보인다. 새로 '눈여겨봄'이다.
>
> 행복의 조건은 고통이 왔을 때 승화하는 것이다. 겨울과 대조되는 봄처럼 승화된 경험은 행복이란 덤도 주어진다. 새로운 기회가 있고 몰랐던 일상이 다시 보인다. 쥐고 있던 것을 놓치는 상실은 그 순간에는 아쉽긴 해도 다시 빈손에 새로운 것을 채울 기회가 있다. 뜻하지 않은 순간에 행운의 순간도 찾아든다. 새로 '시작해 봄'이다.
>
> – 「다시, 찬란해 봄」에서

김미숙이 말하듯이 고난을 "성공으로 이끄는 채찍"으로 받아들이고 시련을 이겨내는 방책을 찾아내었다. 현실에서 "새로 시작해 봄"이라는 마법을 행하였다. 그 마법은 판타지에 나오는 요술이 아니라 암울한 겨울에서 찬란한 꽃을 피워 냈다.

김미숙은 「당신의 오늘 하루」에서 삶의 측량술을 정리한다. 당신이 이루어낸 하루하루는 마법의 실체로서 "특별한 기술이 아니라 마음먹으면 언제나 이룰 수 있다"라는 설說을 제시한다. 그래서 그녀의 삶은 더없이 풍요롭고 아름답고 찬란하다. "봄"이 화려하기보다 눈물겹도록 찬란한 이유는 삶의 침로를 스스로 선택한 자유의지가 깔려있기 때문이다.


## 2. 나를 찾는 사랑학


　인생에서 사랑이라는 말과 그 행위는 빼버릴 수가 없다. 부모의 헌신적인 사랑에서 신에게 바치는 순종에 이르기까지 삶은 사랑으로 시작하고 사랑으로 마감한다. 여자의 경우에는 삶 자체여서 사랑으로 빛나기도 하고 캄캄해지기도 한다. 사랑과 관련된 용어는 참으로 많다. 순정, 연정, 연애라는 순한 말이 있는가 하면, 욕망, 질투, 분노, 배신과 같은 분별없는 표현이 있고, 모정, 포용과 용서처럼 신앙의 차원으로 올라선 것들도 있다. 요약하면 사랑의 스펙트럼만큼 다채롭고 찬란한 것이 없다.

　김미숙의 수필 세계는 「사랑의 변주곡」이 기본 토양이라고 할 만큼 다양한 곡을 울려준다. 그만큼 열정적으로 한 남자를 사랑했고, 했으므로 돌연한 결별을 담담하게 받아들일 수 있었다. "곁에 없는 남자는 애인도 남편도 아니라"라는 그녀의 인생론이 이기적으로 보이지만 그만큼 사랑에 열중한다는 뜻이기도 하다. 어찌 보면 김미숙의 삶은 본질적으로 남편이나 애인과 상관없이 사랑을 사랑한다고나 할까.

　보통 남녀들은 첫사랑을 「갈대의 순정」으로 표현한다. 을숙도 갈대밭은 청춘 남녀가 한 번은 찾아가고 싶어 하는 연애의 메카다. 갈대가 석양에 물들면 뜨거운 열정이 불타오르고 순정녀는 을숙도라는 유혹의 험지를 지나면서 성숙해진다. 여자로서든 인간으로서든, 남자를 알아감으로써 '여자의 일생'이라는 자서전을 쓰는 것이다,

　사랑은 이별의 소야곡과 회자정리會者定離라는 결별로 이어진다. 소설도 오페라도 영화도 한 편의 단막 같은 수필도 만남의 행복보다는 결별의 불행을 자주 다룬다. 김미숙도 자신의 경험을 바탕으로 사랑의 양면인 만남과 이별을 「이별과 만나고 만남과 이별하다」에서 말한다. 그녀는 자신의 삶이 떠남과 이별의 교차였음도 늦지만 새삼 알아차린다. 부모 곁을 떠나 외국으로 갔고, 돌아와서는 한 남자 곁으로 갔고, 그 남자는 먼저 그녀에게서 떠났고, 남은 자식도 성장하면서 그녀 곁을 떠났다. 매번 그녀는 이별과 만남을 혼자의 힘으로 해결했고 이겨냈다. 마침내 자신을 만났다. 그건 찬란한 순간이었다. 덕분에 씩씩해졌으며 다른 사람의 아픔을 공감할 줄 알고 진정한 사랑이 무엇인지 이해하게 되었다.

　「갈대의 순정」이 지나면 여인은 중년이 된다. 바람 같은 젊음을 부여잡고 싶던 어느 날, 모질게 떠나보냈던 한 남자를 우연히 만났다. 그것은 간 졸이는 옆길이지만 저항할 수 없었다. 도덕적 제한을 따르는가 아닌가에 따라 늪이 되고, 눈길에 예쁘게 찍힌 발자국이 되기도 한다. 하지만 그 재회는 「봄눈」에서 "잘 가요 내 첫사랑"이라는 품위 있는 말로 막을 내린다. 작가는 아쉽지만 사랑은 일정한 거리를 두고 지켜보는 그리움이라고 여긴다. 문제는 그런 그리움은 누구에게나 현재 진행형이라는 사실이다.

김미숙이 다루는 사랑의 서사는 자유분방함 그 자체다. 사랑은 도덕이 아니라는 믿음으로 순정부터 열정까지 온갖 유형의 사랑학 개론을 펼치면서 찬란한 봄을 맞이하려면 "썸을 타야 한다"라고 주저하지 않고 말한다.

남녀 사랑을 감미롭게 하려 한다면 프랑스 영화 「사랑한다면 그들처럼」 하라고 권한다. 그녀에게는 찬란한 사랑 행위를 풀어낸 3부작 수필이 있다. 일생에서 가장 행복하고 아름답다고 불륜을 예찬하는 「화양연화」, 남성의 본능적인 욕망을 엿보는 여성의 호기심을 다룬 「킨 남, 안 킨 남」, 그리고 사랑 물을 들이고 새벽길 밟으며 연인에게 가려는 여성의 본심을 담아낸 「손톱」이다. 이들 작품은 공통으로 "손가락 사이로 빠져나가 버리는 모래알" 같은 남녀 사랑을 모티브로 한다.

칼 융이 말한 무의식과 같은 과거의 사랑을 회상하는 김미숙에게는 뜨거운 열정이 뼛속까지 스며있다. 당연히 상처도 그러하다. 그녀는 예전처럼 찬란한 사랑을 행할 가능성이 없는 것 같아 문학이라는 공감을 통하여 맹목적일 만큼 몰입을 펼친다. 당연히 윤리적 울타리나 사회적 제약이 필요하지 않다. 다디단 사랑을 맞이하는 데 제약이 있다면 상상력의 한계일 뿐이다. 어쩌면 김미숙은 "들킨 남자와 안 들킨 남자"로 구분하여 남성의 불륜에 대한 잠재 욕망을 담론으로 끌어내듯이 여성도 배신과 무관하게 사랑을 꿈꾸는 "한 녀, 못 한 녀"의 차이뿐임을 말하려 하는지도 모른다.

인생에 있어서 가장 찬란한 봄날은 언제일까. 그 찬란함은 그냥 줍는 것인가 아니면 만들어 내는 것인가. 결론부터 말하면 스스로 깎고 다듬고 빚는 것이다. 김미숙에게 낡은 구두가 과거라면 네일 숍에서 호사를 누리는「손톱」은 분명 현재 김미숙의 의식을 대행한다. 그녀는 네일 숍에서 손톱을 손질하면서 예쁜 여자가 아니라 에로틱한 여자가 되는 몽상에 빠져든다.

> 내가 몸가짐을 조신하게 살펴주며 애절하게 그를 아낀다고 생이 자비를 베풀어 주던가. 저마다 타고난 운명이 있는 것을. 그래서 말이다. 행여 새 여자가 되는 날이 내게도 온다면, 그때는 그의 뜨겁고 붉은 심장에 새빨갛게 기른 갈고리 같은 손톱을 깊고도 깊게 '확' 꽂아 놓으리라. 절대 놓지 않으리라. 지옥까지도 따라가리라. 갈 수만 있다면. 나를 찾아온 그를 위해 부엌부터 당장 없애리라. 온전히 그만을 바라보리라. 남의 눈길에도 주저하지 않으리. 그때는 그와의 밤, 그의 등에 팔八자 여덟 줄 손톱자국 과감하게 그어놓고 보리라.
>
> ―「손톱」에서

이 작품은 "~하리라"와 "~하지 않으리라"라는 강렬한 어조의 동사를 반복시켜 붉게 칠한 손톱처럼 자신을 진하게 물들이려는 주문으로 구성된다. 하지만 현관 앞에서 한 입맞춤처럼 여기에도 운명의 마지막은 있기 마련이다.

『다시, 찬란해 봄』도 마침표를 피할 수 없다. 김미숙은 떠남이라는 일상에 남달리 익숙한 여자다. 수없이 헤어졌다는 의미가 아니라 단 한 번 헤어져도 헤어짐의 통증을 짙게 느낀다는 의미다. 물론 그녀는 사람과 헤어지는 것이 아니라 「이별과 만나고 만남과 이별하다」에서처럼 사랑과 이별한다.

인생이라는 정거장은 "이별과 재회"를 위해 비밀스러운 감정을 품고 인생 열차를 타려는 사람들로 북적인다. 작가는 그들의 사랑이 어떤 것이든 열차에 탑승하는 승객들을 향하여 "다시 찬란해요 내 봄"을 노래해 준다. 이 짧은 구절만큼 신을 향한 애절하고 간절한 기도가 달리 어디에 있는가.


## 3. 찬란한 것들의 서정미

김미숙의 제2 수필집 『다시, 찬란해 봄』의 표제는 하나의 부사와 형용사와 명사로 이루어져 있다. 그중에서 가장 강한 이미지를 지닌 "찬란한"은 경탄스러울 만큼의 화려한 느낌을 전달한다. 이 단어가 사람의 인생을 묘사하면 다시는 오지 못할 만큼 찬란하여 차라리 서럽다는 느낌마저 준다.

진정 찬란한 것은 외모나 겉모습이 아니다. 찬란한 빛깔, 찬란한 광채, 심지어 찬란한 어둠처럼 그 속성이 내면에서 우러나온다. 사람에게 있어 다시 찬란해진 봄은 순탄하게 얻은 행복이 아니라 바닥까지 무너지고 산산조각 나버린 내면을 복원하여 순연의 자애심으로 만인 만물을 포용할 수 있는 자아로 다시 태어났을 때를 말한다. 죽음으로 부활한다는 종교적 믿음에 접근한 찬란함이다. 그리하여 세상 만물의 아름다움을 알고 사람들의 선함을 이야기하여 세상을 따뜻하고 다정다감하게 만드는 것이다. 이런 변화는 김미숙에게는 찬란한 깨우침이라고 할 수 있다

새롭게 본다는 것은 이해하며 본다는 것이다. 그 첫 번째 새롭게 보기가 「참 바보」다. 바보는 부정적인 호칭이지만 '참'이라는 접두사가 붙으면 의로운 일을 하는 의인으로 바뀐다. 작품의 내용은 참 바보 정신을 실천한 어머니에 대한 회상이다. 그녀의 어머니는 '시견 없는' 사람처럼 동네 사람들에게 베풀기만 할 뿐 되돌려받을 줄은 몰랐다. 그런데 그들 모두를 신앙으로 이끌어 동네를 천주교 동네로 탈바꿈시켰다. 한없이 어리석고 순진하다고 여긴 어머니가 실은 상대방도 모를 정도로 지혜롭게 베풂의 정신을 실천한 참 바보였던 것이다. 작가도 후일에야 어머니의 '찬란한 인생'을 깨치게 된다.

진실로 우월하다는 것은 무엇을 말하는가. 작가는 어머니를 지켜보면서 "속아 넘어가 주고 베푼 것을 잊어버리고 잘못을 들먹이지 않고 같이 살아 나가려 하는 것"이 진정한 품격이라고 말한다.

우리 주변에는 갖가지 사람들이 모여든다. 잘난 사람, 못난 사람, 친한 사람, 껄끄러운 사람… 요약하면 좋은 친구와 나쁜 적들이 오가며 그 나름의 기억과 흔적을 남긴다. 그게 세상이려니, 내 탓이려니 하면서 살아가는 게 인생이다. 세월이 지나 자신도 모르게 이제 정리할 때구나 하고 여기게 되면 이상한 변화가 일어난다. 만나기 싫었던 사람이 선연하게 기억되면서 그에게 조금 잘못한 일을 더 크게 후회하는 것이다. 필요 없어 내다 버린 물건도 마찬가지다. 이 심적 변화는 그

냥 생기는 것이 아니라 세월이라는 수레바퀴에 깔려 몸과 마음이 닳아 형태만 남을 정도가 되었을 때 이루어진다. 그제야 자신에게 일어난 찬란한 변화를 발견하는 것이다. 그것이 연민이다.

　김미숙은 못난 것에도 아름다움이 있다는 사실을 발견한다. 못난 모과가 한번은 특별한 향기를 뿜어낸다는 이치를 다룬 작품이 「못난 과일에 눈길 머물고」다. 독거노인이 된 중학교 국사 선생님을 우연히 만난 김미숙은 영화표를 내밀면서 함께 구경 가자는 그의 청을 기꺼이 받아들인다. 잘난 척하는 사람에게서 참기 어려운, 초라한 그에게서 모과 발효액 같은 훈향을 맡을 수 있었고, 그만큼 인간의 참모습을 판별하는 성숙을 이루었기 때문이다.

　사람은 언제 죽는가. 물론 명이 다하면 죽는다. 의학적으로 죽었지만, 인문학적으로는 누군가 기억해 주면 여전히 살아있다는 해석이 가능해진다. 그만큼 인간의 존재는 기억이라는 시간과 상호성을 맺는다. 김미숙이 기억하는 「용팔이」는 청소년 시절에는 버스 껌팔이 소년이었고 어른이 되어서도 가짜 절뚝발이 시늉을 하며 지하철에서 반협박 조로 껌을 판다. 어찌 보면 용팔이로 불리는 그는 잉여 인간이고 똥파리처럼 불쾌한 인상을 남긴다. 하지만 사람은 살아남기 위하여 남에게 해를 끼치지 않는 범위 내에서 나쁜 짓을 저지른다. 그도 부양할 가족이 있는 가장이라는 존재성을 지니므로 그가 살 자리를 마련해 주어야 한다. 그때 거기에 있었던 김미숙의 용팔이는 우리 모두의 용팔이다. 그가 사라진다면 일반 사람은 모르겠지만 작가는 충격은 아닐지라도 공허감은 느껴야 하리라.

삶의 현장을 살펴보면 사라짐으로써 오히려 본질을 회복하는 경우가 더러 있다. 『다시, 찬란해 봄』이라는 표제에서 '다시 봄(見)'이라는 인식력에 주목할 필요가 있다. 김미숙은 늘 행복하고 함께한다는 은혜를 당연시하였다. 유감스럽게도 그 기대가 깨지면서 상실의 늪에 빠졌고 절망은 서러운 것이라는 점을 자각했다. 이것을 가톨릭 교리에서 '복된 탓'이라 부른다. 잘못이 구원의 복을 가져온다는 의미다. 그녀도 더 낮게 몸을 굽혀 낮은 곳에 있는 것의 아름다움과 소중함을 찾게 된 것이다.

그중의 하나가 사물에 대한 진지한 관점이다. 집에 있는 물건마다 주인이 있어 그 주인이 사라지면 용도가 사라진다는 게 일반적인 생각이다. 그 반전이 구두에서 어떻게 이루어지는가를 살펴보기로 한다. 김미숙은 평소 남편이 신고 다니던 구두가 온종일 그의 발을 보호해 준다고 여겨 정성으로 손질해 주었다. 구두가 주인을 잃으면서 "헛헛한 물건"이 되어버렸다. 무용지물이 된 구두에서 김미숙은 본연의 임무를 자각한다. 그것이 가정 파수꾼으로서 가족을 지키는 책임감과 묵직한 삶의 인생과 함께한 세월을 표상하는 존재로 풀이한 것이다. 그래서 생전의 남편에게 그랬듯이 구두에게 '감사'라는 말을 건넨다. 남편과 구두를 동일시함으로써 낡은 구두가 들려주는 "묵직한 무언의 언어"를 들을 수 있었다.

여성의 미를 거론할 때 20대 여인보다 초로의 여인에서 찬란한 품위를 찾을 수 있을 것이다. 흔히 찬란함과 화려함을 동일시하지만 그건 무르익는 가을을 맞이하기 전의 생각이다. 인생의 쓴맛, 단맛을 만끽한 후가 되면 누구나 가을 단풍의 아름다움을 놓치지 않는다. 왜냐하면, 가을 단풍은 작가의 말처럼 "용서의 색깔"이기 때문이다. 곧 떨어져 흙으로 돌아가므로 봄꽃의 찬란한 빛은 전설에 불과할 따름이다. 용서는 분노와 시기심과 애증을 모두 떨구고 진실로 자신에게 돌아가는 입구와 같다. 동면에 들어가는 기간이기도 하다. 그 겨울에 우리는 비로소 누군가를 진실로 사랑하는 법을 배운다. 그런 겨울이 없다면 봄이 찬란하다고 말하기 힘들다. 게다가 용서는 내가 살 수 있는 유일한 방법이다. 용서와 사랑이 있는 자에게 신은 찬란한 부활을 선사한다.

## 다시 봉(封)하면서

　작가란 절망의 과거에서 희망의 빛을 찾아내는 사람이다. 기상 관측자가 공기 속에 있는 밀도를 측정하여 하루 날씨를 예고하듯 작가는 인간의 섬세한 감정과 사물의 속성을 꼼꼼히 살펴야 그때까지 아무도 쓰지 않은 새로운 작품을 쓸 수 있다.

　김미숙은 독특한 작가다. 그녀는 남다른 몽상과 대담한 어법을 구사하면서 자신과 인간의 감정을 숨김없이 작품에 옮긴다. 사소설적이라고 부를 만큼 지금까지의 수필이 접근하지 못했던 관능과 은밀한 욕망뿐만 아니라 삶과 글은 속일 수 없다는 진실 그 자제에도 충실하다. 부의식 엿보기라는 솔직한 기법이 독자들에게 남다른 흡인력을 갖는다.

『다시, 찬란해 봄』은 고백록으로서의 정직함과 자기실현의 상상계로 이루어진 두 번째 작품집이다. 첫 번째 작품집에 비하여 자의식과 자기감정이 무르익고 절망을 이겨낸 적극적인 인생론이 인상적으로 와닿는다. 하지만 찬란하게 이야기하는 작가의 내면을 이해할 때만 그 호소를 제대로 들을 수 있을 것이다.